Shaul Oettinger

ÄGYPTEN UND ISRAEL

Geschichte einer viertausendjährigen Beziehung

W0363340

SCRIBA VERLAG KÖLN

Wir danken allen, die uns durch freundliche Überlassung von Bildmaterial geholfen haben. Die einzelnen Autoren oder Leihgeber haben wir jeweils unter dem Bild angegeben.

CIP-Kurztitelaufnahme der Deutschen Bibliothek

Oettinger, Shaul:
Ägypten und Israel: Geschichte einer
viertausendjährigen Beziehung / Shaul Oettinger.
— Köln: Scriba-Verlag, 1980.
ISBN 3-921232-23-6

Kein Teil des Werkes darf in irgendeiner Form (durch Fotokopie, Mikrofilm oder ein anderes Verfahren) ohne schriftliche Genehmigung des Rechtsinhabers reproduziert oder unter Verwendung elektronischer Systeme verarbeitet, vervielfältigt oder verbreitet werden. Auskunft erteilt der Verlag.

© 1980 Scriba Verlag Irene Corbach, Hochwinkel 79, D-5000 Köln 80
Titelgrafik: Werner Eikel, Köln
Satz und Druck: wico grafik GmbH, Sankt Augustin 1 / Bonn

Printed in Germany ISBN 3-921232-23-6

Inhalt

Seit alter Zeit staunt die Welt über die Zeugnisse der frühen ägyptischen Kultur, über die riesigen Pyramiden und Sphinxe, über die gewaltigen Tempel und die rätselhaften Hieroglyphen. Die Bildzeichen wurden entziffert, aber die Rätsel, die hinter den Zeichen und Zeugen der alten ägyptischen Welt stehen, sind von den Menschen unserer Zeitrechnung nicht zu entschleiern. Es ist ihre unbegreifliche, schweigende Fremdheit, die die Menschen von heute fasziniert.
Die Zeugnisse des alten Israel sind weniger fremd, weil die Bilder, die Israel geschaut, die Gedanken, die es gedacht hat, die Bilder und Gedanken der Bibel, vom größten Teil der Menschheit übernommen wurden. Wir identifizieren uns selbst mit Adam und Eva, mit Kain und Abel, mit dem jungen Josef, der von seinen Brüdern nach Ägypten verkauft wurde, und mit dem kleinen David, der den Riesen Goliat erschlug. Sind wir nicht selbst Adam und Eva, Kain und Abel, Josef und David? Rührt nicht ein Teil des Judenhasses daher, daß dieses Volk behauptet, ein Vorrecht auf das zu haben, was unser Fleisch und Blut geworden ist? Ist es nicht immer schon Shylock gewesen, der unser Fleisch und Blut fordert?

Die Fremdheit Israels ist anderer Art als die Ägyptens. Da ist ein Volk, das seine Heimat durch die Bibel der ganzen Welt geschenkt hat und das seither selbst keine Heimat hat außer dem Buch, in dem es seit Jahrtausenden lebt, und das nun plötzlich wieder einen Anspruch auf die verlorene Heimat erhebt. Da ist ein Volk, das die lebendige Einheit von Land, Volk und Sprache verlor und dennoch nicht unterging.
Die Namen verraten die Zerrissenheit Israels. Israel heißt das Land nach dem Stammvater der zwölf Stämme, die es im 13. vorchristlichen Jahrhundert eroberten. Als zehn von den

Stämmen der assyrischen Invasion im 8. Jahrhundert zum Opfer fielen, wurde das Volk und seine Religion nach dem größten überlebenden Stamm Juden und Judentum genannt. Die Sprache aber, die es im Lande der Bibel sprach und heute wieder spricht, heißt nach Heber, einem uralten Stammvater, der in der Genealogie der Patriarchen zwischen Sem und Abraham angesiedelt ist, Hebräisch. Wahrscheinlich hängt der Name mit den Habiru zusammen, dem vorisraelitischen Nomadenvolk, von dem einige der in Amarna, der Residenz des Pharao Amenophis IV., gefundenen Briefe berichten.
Der Zerrissenheit Israels steht die Einheit Ägyptens gegenüber. In Ägypten hatten, zumindest bis zur Übernahme des Arabischen im 7. und 8. Jahrhundert, Land, Volk und Sprache einen Namen. Die Griechen empfanden die Einheit so stark, daß sie auch den Nil, der Ägypten von Süden nach Norden durchzieht, "Aigyptos" nannten. Mit dem männlichen Artikel bezeichnet der Name den Fluß, mit dem weiblichen das Land, das der Nil mit gewaltiger Liebeskraft befruchtet. Die Griechen übertrugen den den Ägyptern geläufigen Namen der Stadt Memphis, der an der Nahtstelle von Ober- und Unterägypten gelegenen Hauptstadt des Alten Reiches, auf das ganze Land. Die Metropole des zentral gelenkten Staates wurde für die Bewohner der kleinen, auf Eigenständigkeit bedachten griechischen Polis zum höchsten Symbol der Einheit.

Auch das Alte Testament, die Hebräische Bibel, die bei allen anderen Völkern zwischen dem Land und seinen Bewohnern unterscheidet, hat für Land und Volk Ägyptens denselben Namen: Mizrajim. Als sich die Israeliten nach dem Auszug aus dem Nilland dem Roten Meer näherten, "jagte" — so sagt die Bibel wörtlich — "Ägypten hinter ihnen her". Ein eindringliches, echt biblisches Bild, das die Angst der Israeliten plastisch spiegelt. Es ist, als würde das Land die Fliehen-

1 Weltraumbild aus Gemini 11: Ägypten und Israel mit einem Blick (USIS-Foto; American Embassy, Bonn)

den festzuhalten suchen. Es hätte sie verschlungen, hätte die Prophetin Mirjam, die eine magische Macht über das Wasser besaß, den Verfolgten nicht einen Weg durch das Meer gebahnt. Dort, jenseits der Grenzen des Landes, das die Ägypter ungern und selten verließen, erlahmte ihre Macht, die sie aus der Einheit von Volk und Land bezogen.

Der arabische Name Ägyptens, Misr, ist übrigens von derselben semitischen Wurzel abgeleitet, von der auch das hebräische Mizrajim kommt. Der Unterschied liegt in der hebräischen Endung, die in der Sprache der Bibel für ein Doppeltes steht, für eine Zweiheit, die durch den Zusammenschluß der zwei zur Einheit wurde: Die Einheit Ägyptens entstand durch die Verbindung Ober- und Unterägyptens zu einem Reich. Sein König trug den Titel eines "Herrschers über die Länder der Binse und der Biene", eines "Herrn der Beiden Länder".

Der Nil, der in der Bibel einfach der große Fluß heißt, verbindet, vereint, wo der Jordan trennt. Als ahnte er, daß im Lande der Bibel Fruchtbarkeitskulte tabuisiert sind, stürzt er sich nach kurzem Lauf in die Tiefe, in den tiefsten Einbruch der Erde, der das Land zerschneidet, und fließt in das Tote Meer, das — Ort des Fluchs, der absoluten Unfruchtbarkeit — sein Grab ist. Lebte Ägypten von den Überschwemmungen des Nil, so schenkten die Überschwemmungen des Jordan dem Lande wenig Fruchtbarkeit; zu hoch liegt es über dem Einschnitt, durch den er sich windet.

Heute — hier fand ein Einbruch in der Zeit statt — schenkt auch der Jordan dem Land Israel Fruchtbarkeit; heute liegt ganz Israel am Jordan. Sein Wasser wird aus dem Genezaret-See in das galiläische Bergland gepumpt und in riesigen Rohren bis in die Negev-Wüste im Süden des Landes geleitet, die es zum Leben erweckt. Ist Ägypten seit Urzeiten ein Geschenk des Nil, so ist Israel in jüngster Zeit ein Geschenk des Jordan geworden.

Ist das ein Symbol für die beginnende Rückkehr zur Einheit, die vor Tausenden von Jahren verlorenging? Ist Israel auf dem Weg zu dieser Einheit, die es so lange nur in der Transzendenz, im göttlichen Gegenüber, geschaut hat?

Raum und Zeit

Für die Betrachtung der Geschichte Ägyptens und Israels ist die Frage nach der Identität der beiden Völker unerläßlich. Was ist Ägypten? Was ist Israel?

Der Gegensatz ist bemerkenswert: Ägypten — das ist das Land, das Geschenk des Nil, der das Land nicht nur befruchtet, sondern es auch mit seinen Ablagerungen ins Meer hinausschiebt, das in sich geschlossene, durch die Wüste geographisch isolierte Bauernland, das vor mehr als fünftausend Jahren als zentral gelenktes, von Königsdynastien regiertes Reich in die Geschichte eintrat. Das Volk Ägyptens ist eins mit seinem Land. Es wurde zwar manchmal von anderen Völkern unterjocht, aber es konnte von keinem Eroberer gezwungen werden, sein Land zu verlassen. In einem Exil außerhalb der Grenzen seines Landes hätte das ägyptische Volk nicht überlebt. Es ist kein Zufall, daß die Bibel für das ägyptische Volk und seinen Lebensraum denselben Namen verwendet. Für die Geschichtsschreiber jener Zeit sind Land und Volk Ägyptens identisch.

Israel ist ganz anders. Das Volk ist von Anfang an nicht identisch mit dem Land, in dem es in biblischer Zeit seine territoriale Integrität fand. Es gab nur für relativ kurze Zeit dem Land seinen Namen — einem Land, das mit seinen Gebirgen und Einbrüchen, die es zerklüften, mit seinen starken klimatischen Gegensätzen, dem Partikularismus der Stämme dem Nebeneinander der Völker viel stärker Vorschub leistet als Ägypten. Bevor es zum Land Israel wurde, hieß es Kanaan oder auch das Land der Hetiter, Amoriter, Hewiter und Jebusiter; die Römer nannten es, nachdem sie den Widerstand der Juden endgültig gebrochen hatten, Syria Palaestina nach den Philistern, die einige Jahrhunderte die Mittelmeerküste besetzt hielten, die Araber, die es unter dem Kalifen Omar in das arabische Großreich eingliederten, nannten es Palästina.

Das Volk Israel aber war auf der Wanderschaft seit Abraham, seinem mythischen Stammvater. Es erfuhr im Auszug aus Ägypten — nicht im eigenen Land — seine eigentliche Volkwerdung; es eroberte dann das "Land seiner Väter", bis die Babylonier es daraus vertrieben, aber es überlebte ohne Land und kehrte unter den Persern nach Zion zurück; es wurde von den Römern wieder ins Exil gejagt, war fast zweitausend Jahre über die Länder der Welt verstreut; es wurde verfolgt und ging nicht unter; es überlebte alle Verfolgungen und erkämpfte sich erst in diesem Jahrhundert auf dem Höhepunkt der Verfolgung, der Verzweiflung, das Land seiner Träume wieder.

Israel empfing seine Identität von der Geschichte. Es gibt kein Volk, das so starke historische Traditionen hat, kein Volk mit einem vergleichbaren Geschichtsbewußtsein. Die Hebräische Bibel ist für den Israeli, auch den nicht-religiösen, vor allem Geschichte. Man identifiziert sich mit ihren Männern und Frauen, man interessiert sich — viel stärker als die Ägypter von heute es tun — für die aus dem Boden des Landes gegrabenen Zeugnisse der Vergangenheit, für die archäologischen Funde, die den Blick in die Geschichte öffnen. Man gibt den Kindern die Namen der biblischen Helden; aber auch die dunklen, unheroischen Passagen der Geschichte, die Zeiten der Unterdrückung und Knechtschaft, der Verfolgung und Diskriminierung wurden nicht aus dem Gedächtnis getilgt. Welches Volk beginnt seine historischen Erinnerungen mit dem Satz: "Wir waren Sklaven in Ägypten"? Welches Volk hat ein derart kritisches Geschichtsbewußtsein, daß es auch seine Sünden und Fehler, ja selbst die Schwächen und Fehltritte seiner großen Persönlichkeiten im Gedächtnis bewahrte, wie das Volk Israel es tat, dessen Chronisten immer wieder den Kleinmut des Volkes, aber auch Fragwürdiges aus der Biographie seiner Helden — wie zum Beispiel Davids Ehebruch mit Batseba — aufzeichneten?

Schon die Schöpfung beginnt für das Volk Israel mit Zeit und Geschichte. Am Anfang — so heißt es in der Hebräischen Bibel — schuf Gott das Licht in die bestehende Finsternis hinein, damit im Wechsel von Tag und Nacht die Zeit zählbar und als Geschichte erzählbar werde: Es ward Abend und es ward Morgen: e i n Tag. Die Juden zählen noch heute ihre Zeit von jenem ersten Schöpfungstag an.

Im Gegensatz zur Schöpfungsgeschichte Israels sehen die Schöpfungsmythen der Ägypter den Anfang der Welt als Urgeschehen im Raum, in dem ihnen bekannten Lebensraum. Es beginnt mit dem Auftauchen einer Schilfinsel, eines Urhügels aus den Gewässern des Nun, die für den Nil stehen, ein Bild, das der Erfahrung des altägyptischen Bauern entspricht, dessen Weltschau vom Steigen und Fallen dieses einzigartigen Stromes geprägt war. Jeden Morgen wurde die in der Urschöpfung festgelegte Harmonie mit einem magischen Ritual von neuem hergestellt. Während der Hebräer die Zeit als lineare geschichtliche Entwicklung mit der Konsequenz von Fortschritt, Zukunftsglauben und Heilserwartung erlebte, war sie für den Ägypter eine ewige Wiederkehr des Urgeschehens, ein der Natur des Nillandes abgelauschter ewiger Kreislauf.

2 Landschaft am Nil: Fruchtland und Wüste liegen dicht nebeneinander. (Foto Ursula Verhoeven)

3 Ägyptische Fauna und Flora und Nilometer im Mosaikboden der byzantinischen Kirche von Tabgha (5. Jh. n. Chr.), dem Ort der wunderbaren Brot- und Fischvermehrung am See Genezaret.

Es gab in Ägypten viele verschiedene Schöpfungsmythen, und es gab viele Götter. Die Vielzahl und Vielfalt der Götter blieb auch nach dem Zusammenschluß der ägyptischen Länder zu einem Reich erhalten. Jeder Gau verehrte seine eigenen lokalen Gottheiten, entwickelte seine eigenen Götterlehren, baute seine eigenen Tempel als Wohnung für seine Götter. Es ist charakteristisch für das alte — und eigentlich auch für das spätere — Ägypten, daß keine Glaubensauffassung eine andere ausschloß und unannehmbar machte. Keine Gottheit stellte den Absolutheitsanspruch, der für die monotheistische Religion Israels selbstverständlich ist.

"Höre Israel, der Herr, dein Gott, der Herr ist einzig!" Der höchste, von gläubigen Juden täglich ausgesprochene Glaubenssatz des Judentums beschwört die Einheit, die es für Israel im Diesseits nicht gab, im göttlichen Gegenüber. Der Vielfalt im Bereich des Geschöpflichen, der Fülle der sinnlichen Eindrücke, dem ewigen Wechsel in der Geschichte, der Polarität im Bereich des Menschlichen, der Zerrissenheit der jüdischen Existenz, die in den verschiedenen Namen für das Volk, das Land und die Sprache zum Ausdruck kommt, steht die absolute Einheit des Schöpfers und Lenkers der Geschichte gegenüber. Der Glaube an seine Einheit macht die Zerrissenheit des Daseins erträglich.

Die Ägypter hingegen, die die Einheit — die Einheit von Strom, Land, Volk, Reich, König — im Diesseits erlebten, projizierten die Vielfalt, die ihrer Existenz fehlte, in die Welt der Unsterblichen. Vielleicht wäre die unvergleichliche, allgegenwärtige Einheit im Diesseits unerträglich gewesen ohne die Vielfalt in der Welt der Götter, an der man durch die Riten und Kulte Anteil hatte.

Die an sich schon verwirrende Fülle der ägyptischen Gottheiten, die Vielfalt ihrer Namen und Formen, wurde noch verwirrender durch einen eigenartigen Synkretismus: Es fand eine Angleichung von einander überlagernden Glaubensformen, eine Gleichsetzung und Identifizierung von ursprünglich sehr verschiedenen Gottheiten statt. So verschmilzt der Sonnengott Rê, der höchste Gott des altägyptischen Pantheon, in der Zeit des Mittleren Reiches mit dem mächtigen Reichsgott Amûn von Karnak und wird zu Amûn-Rê. Auch die Rivalität des Osiris mit Rê endete mit einem synkretistischen Kompromiß: Osiris verdrängte den Rê aus den jenseitigen Bezirken; man begann in ihm die nächtliche Form der Sonne zu sehen und sprach von einem "doppelten Wesen", das Rê am Tage und Osiris in der Nacht verkörperte.
Osiris, ursprünglich ein Fruchtbarkeitsgott, wurde vor allem als Gott des Jenseits verehrt, der das Fortleben der Menschen nach dem Tode versprach. Kein Volk des Altertums hat sich so intensiv mit dem Tode beschäftigt, mit der Überwindung des Todes, wie die Ägypter. Einbalsamierung und Magie, Totentempel und Pyramiden dienten dem Totenkult. In Osiris, dem Bruder und Gatten der großen Isis, der von seinem hinterlistigen Bruder Seth in einem versiegelten Kasten in den Nil geworfen und durch einen Zauber der Isis und ihrer Schwester Nephthys zum Leben im Jenseits wiedererweckt worden war, verehrten die Ägypter den Heilsbringer, der den Tod auf sich nahm und überwand. Zugleich symbolisiert Osiris' Tod und Wiedergeburt den Kreislauf, dem der Boden im Nilland unterworfen ist. Wie Osiris, so stirbt die ägyptische Erde alljährlich unter der Sonnenhitze, wie der Gott ersteht sie zu neuem Leben, wenn die Wasser, die das Land überschwemmen, zurückgehen.
Die Parallelen zwischen dem Osiris-Mythos und der Geschich-

te vom Opfertod und der Auferstehung Jesu sind unübersehbar. Aber auch in der frühisraelitischen Legende hinterließ der Mythos seine Spuren. Die Aussetzung des jungen Mose in einem Binsenkästchen im Nil erinnert an die Aussetzung des Gottes und läßt den Pharao, der die Knaben der Hebräer zu töten befahl, im Lichte des bösen Seth erscheinen. Werden nicht auch bei Mose zwei Frauen — die Pharaonentochter, die ihn aus dem Wasser zieht, und Mirjam, die ihm eine Amme besorgt und ihn versteckt — zu Retterinnen, die den Tod überwinden? Und wird nicht auch Mose zum Heilsbringer, der Not und Tod seines Volkes besiegte?
Man hat in neuerer Zeit Vergleiche zwischen Mose und dem ägyptischen König Amenophis IV., dem Gemahl der schönen Nofretete, gezogen, der sich im Dienste seines Gottes Aton frühen monotheistischen Spekulationen hingab und sich selbst nach seinem als einzigem Gott verehrten Aton "Echnaton" nannte. Aber Echnaton war ein einsamer, glück- und erfolgloser König, der seinen Eingottglauben weder bei den Priestern seiner Zeit noch beim Volk durchzusetzen vermochte. Er blieb dem ägyptischen Volk, das an seinen synkretistischen Glaubensformen hing, als Fanatiker des Glaubens zeit seines Lebens fremd. Er war ein philosophierender Mystiker auf dem Thron, der das Reich verfallen und die treuen Vasallen Ägyptens, die ihn um Hilfe baten, im Stich ließ.
In Amarna, der Hauptstadt des Echnaton, wurden Keilschrifttafeln gefunden, auf denen Abdu Heba, der Stadtkönig Jerusalems, einer der Vasallen Ägyptens, den fernen Pharao vergeblich um Schutz und militärische Hilfe gegen Rebellen bittet. Während in Jerusalem der Monotheismus 350 Jahre nach Echnaton triumphierte, blieb er in Ägypten eine Episode, die im Glauben des Volkes keine Spuren hinterließ. Nach Echnatons Tod kehrte das Pharaonenreich zu seinem alten synkretistischen Polytheismus zurück.

Das ägyptische Reich entstand um 3000 Jahre vor Christi Geburt durch die Vereinigung des südlichen Oberägypten mit dem nördlichen Unterägypten und die Gründung der an der Grenze zwischen den beiden Ländern gelegenen Hauptstadt Memphis. Nach ägyptischer Tradition war König Menes der Gründer der Stadt. In den Augen der Ägypter war Menes der erste menschliche König, der auf die Götterdynastien folgte. Mit diesem ersten König der ersten Dynastie beginnen die ägyptischen Königslisten, die über einen Zeitraum von fast dreitausend Jahren bis zu Alexander dem Großen reichen.
Der Pharao galt als der leibliche Sohn des obersten Gottes Ägyptens; nach den altägyptischen Glaubensvorstellungen hat ihn Rê selbst gezeugt. Als Inkarnation des Horus, der sowohl als falkenartiger Himmelsgott als auch als Sohn des Osiris verehrt wurde, trat er die Nachfolge seines Vaters Osiris an. Die Götter unterstützen den Pharao bei der Sicherung der Weltherrschaft, die ihm nach dem ägyptischen Dogma zustand.
Das Nilland war die Welt der Ägypter; der Rest, vor allem die asiatischen Länder, in welche die Ägypter immer wieder erobernd vorstießen, aus denen aber auch feindliche Stämme, "Rebellen", nach Ägypten eindrangen, galt als unkultiviertes, unterentwickeltes Barbarenland. So kommt es, daß der Name "Israel" in den ägyptischen Texten nur ein einziges Mal auftaucht, während die Hebräische Bibel den Namen "Ägypten" nicht weniger als 680mal erwähnt.
Die Tatsache, daß die ägyptischen Quellen nichts über die Vorgänge aussagen, von denen die Bibel berichtet, daß sie weder die Knechtschaft Israels noch den Auszug Israels aus Ägypten erwähnen, stellt die Geschichtlichkeit des biblischen

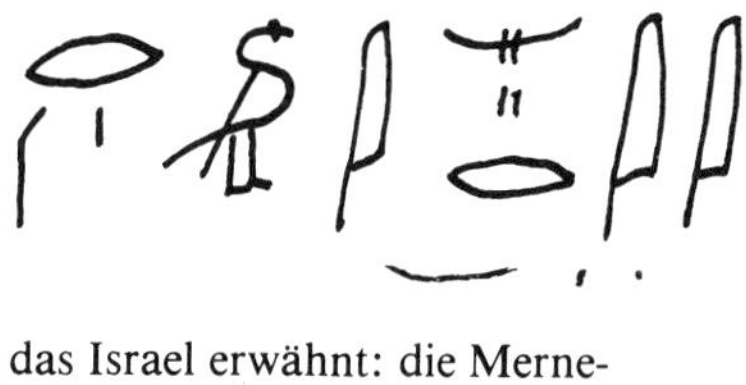

4 Das einzige ägyptische Dokument, das Israel erwähnt: die Merneptah-Stele von 1229 v. Chr. In Zeile 27 steht: „Israel ist verwüstet und sein Same vernichtet…" Unten: Der Name „Israel" aus Zeile 27.

Berichts also nicht in Frage. Das große Volk Ägyptens nahm die Vorgänge, die sich an seiner Peripherie abspielten, kaum zur Kenntnis; Israel hingegen war von Anfang an auf Ägypten angewiesen. Das Nilland war die vom Himmel weitgehend unabhängige Kornkammer, in die die asiatischen Nomaden in Zeiten der Dürre und Hungersnot mit ihrem Kleinvieh zogen. Ägypten als Reich, als Ordnungsmacht, die ihrem Freiheitsdrang Schranken setzte, war für sie immer das große Vor- und Gegenbild, an dem sie sich orientierten, mit dem sie sich auseinandersetzten.

Ordnung war den Ägyptern der Frühzeit einer der höchsten Werte. Während der Götterkult sich um die kosmische und ethische Ordnung mühte, lenkte die allgegenwärtige Verwaltung die gesellschaftliche, wirtschaftliche und politische Ordnung des Pharaonenstaates. Schon im Alten Reich, in dessen Anfängen die großen Pyramiden entstanden, war die Verwaltung straff zentralisiert. Sie kontrollierte mit einem Heer von Beamten die Tätigkeit jedes einzelnen Bürgers, sie regelte das Leben am königlichen Hof, sie lenkte die gesamte Wirtschaft des Reiches. Die Verwaltung war einer der wesentlichen Faktoren, denen Ägypten seine politische Stabilität und seine frühe Hochkultur verdankte.

War die Verwaltung intakt, so füllten sich die Kornspeicher und neue Provinzen wurden gewonnen. War die Verwaltung jedoch in schlechten Händen, so gab es innere Wirren und Hungersnot, und das Land war der Invasion der asiatischen Nomadenvölker schutzlos ausgeliefert.

Hier müssen vor allem die Hyksos genannt werden, ein semitisches Nomadenvolk, das im 17. Jahrhundert aus Kanaan ins Deltagebiet eindrang, den größten Teil Ägyptens eroberte und mit seinen "Hirtenkönigen" die 15. und 16. Dynastie bildete. Sie brachten vermutlich — es gibt nur spärliche Quel-

len aus der Hyksoszeit — Pferd und Streitwagen, in der Bibel oft als Symbole Ägyptens genannt, in das Nilland. Von einigen Historikern wird angenommen, daß die Israeliten sich während der Hyksos-Herrschaft in Unterägypten ansiedelten. Für diese These spricht die Tatsache, daß der Hebräer Josef zum höchsten Beamten des ägyptischen Staates, zum Wesir des Pharao, werden konnte, der die offenbar schlecht funktionierende Verwaltung des gesamten Reiches reorganisierte. Auch die Ablehnung und Unterdrückung der Israeliten, von der die Bibel im Buch "Exodus" erzählt, läßt sich aus deren Verbindung mit den Hyksos erklären, die von den Ägyptern als "gottlose Barbaren", als Eindringlinge aus dem niederen "Fremdland" gehaßt wurden.
Hundert Jahre nach ihrer Invasion wurden die Hyksos von einer oberägyptischen Fürstendynastie besiegt und aus dem Niltal vertrieben. Das Neue Reich wurde gegründet, das den Spieß umdrehte und erobernd in Asien eingriff. Das Land der Bibel wurde dem ägyptischen Reich einverleibt, das sich damals als die erste Weltmacht verstand.

Bauern und Hirten

Die einzige altägyptische Quelle, die den Namen "Israel" ausdrücklich nennt, ist die Siegesstele des Merneptah, der als Nachfolger von Ramses II. um 1230 v. Chr. die Krone der Pharaonen erbte. Auf dieser "Israel-Stele" steht der Satz: "Israel ist verwüstet und sein Same vernichtet."
Die biblischen Erinnerungen an Ägypten reichen erheblich weiter zurück. Zur ersten Begegnung mit dem großen Reich am Nil kam es in der Zeit der Patriarchen, der Stammväter Israels, die als Ziegen-und Schafhirten nomadisierend durch die

kargen zwischen Mesopotamien und Ägypten gelegenen Landstriche zogen. Für die Nomadenstämme war Ägypten das fruchtbare, vom verläßlichen Nil gesegnete Ackerland, die Überfluß produzierende Kornkammer, in der sie die Dürrejahre, die ihre vom Regen abhängigen Gebiete immer wieder heimsuchten, überstehen konnten.

Auch Abraham, der Urahn Israels, der aus Abscheu vor einem größenwahnsinnigen Staat, der eine Einheitssprache verordnete und himmelstürmende Türme baute, aus Ur in Babylonien ausgewandert war, zog, da der Hunger schwer auf Kanaan lastete, mit seiner Frau Sara nach Ägypten.

Die Bibel erzählt, Abraham habe seine Frau überredet, sich als seine Schwester auszugeben, denn ihre Schönheit könne dem Ehemann, der der Begierde der Ägypter im Wege stand, gefährlich werden. "Da wurde", fährt der biblische Erzähler fort, "die Frau in den Palast des Pharao geholt; dieser aber tat dem Abraham Gutes um ihretwillen: er erhielt Schafe, Rinder und Esel, Sklaven und Mägde, Eselinnen und Kamele." Unter den Mägden aber war eine eigenwillige junge Frau von herber Schönheit, Hagar, die den Magier aus Kanaan, den sie verehrte, bezauberte und ihm den ersten Sohn schenkte, den Ismael.

Ein sonderbarer Handel, der uns heute höchst unmoralisch, ja verwerflich erscheinen muß, zumal der gutgläubige Pharao dabei von dem verschlagenen Hirten aus Kanaan gehörig übers Ohr gehauen wurde; denn — so heißt es weiter — "der Herr schlug den Pharao mit schweren Plagen um Saras, des Weibes Abrahams, willen".

Die "Plagen" in der Hebräischen Bibel haben oft eine Beziehung zum Geschlecht. Es ist anzunehmen, daß der Pharao impotent war, als er sich Sara zu nähern versuchte, worauf sie ihm reinen Wein über ihr wirkliches Verhältnis zu Abraham einschenkte. Da schickte der Pharao die unberührte Frau zu ihrem Ehemann zurück. Die Vorwürfe, mit denen er Abraham überhäufte, waren schwer; noch schwerer aber wogen die Geschenke, mit denen er den Gott des Magiers zu besänftigen suchte. Als Abraham Ägypten verließ und in den Negev zog, war er "sehr schwer an Vieh, an Silber und an Gold".

Hinter dieser merkwürdigen Geschichte verbirgt sich der uralte Konflikt zwischen den bodenverwurzelten Ackerbauern, deren höchster Repräsentant der Pharao ist, und den nomadisierenden Hirten. Der derbe Humor, der sich in ihr niederschlägt, ist typischer Hirtenhumor. War der Bauer Ägyptens nicht von der Natur bevorzugt gegenüber dem ziehenden Nomaden? War dieser in den Jahren, in denen der Himmel seinen Herden den lebensnotwendigen Regen verweigerte, nicht vom Ackerbauern und seinem Land abhängig? War nicht schon am Anfang der Menschheitsgeschichte der gute Hirte Abel, in dessen Spuren Abraham ging, von dem starken, triebhaften Bauern Kain erschlagen worden? Welche Waffen hatte der Hirte gegen den ihm wirtschaftlich und physisch überlegenen Bruder außer seinem beweglicheren Geist, seinem Witz, seiner Verschlagenheit, seiner Schläue?

Wenn die Hirten am nächtlichen Feuer zusammensaßen, ergoß sich ihr Spott über die einfältigen, törichten Bauern, die das höchste Gut der Nomaden, die Freiheit, für ein Stück Sicherheit verkauft, die sich einem allmächtigen Staat mit weiblichen Gottheiten und einem göttlich verehrten König unterworfen hatten. Wer den König selbst lächerlich machte, schoß dabei zweifellos den Vogel ab. Auf diese Weise kompensierten sie ihre eigene naturbedingte Abhängigkeit von den "törichten" Bauern und ihrem Staat.

Daß die Animosität zwischen den vorderasiatischen Hirten und den ägyptischen Bauern auf Gegenseitigkeit beruhte,

5 Wie diese semitischen Nomaden zogen auch die Erzväter Israels nach Ägypten. (Im Grabgemälde des Fürsten Chnumhotep bei Beni Hasan, um 1900 v. Chr.)

6 Sklavenarbeit in Ägypten — wie es die Bibel erzählt. Herstellung von Ziegeln. (Grabgemälde des Wesir Rechmirê, Theben, um 1500 v. Chr.)

zeigt ein Vermerk, der am Ende des 46. Kapitels der Genesis steht: "Alle Schafhirten sind nämlich den Ägyptern ein Greuel." Sie ließen die Nomaden, die anders rochen, die andere, fremdartige Sitten und Bräuche hatten, nicht an ihrem Tisch sitzen; sie zeigten ihnen bei jeder Gelegenheit, daß sie in ihren Augen unkultivierte Barbaren waren.

Josef, der Vermittler

Bei Jaakob, dem dritten der Erzväter Isaraels, sind die wirtschaftlichen Bedingungen die gleichen wie bei Abraham: Hungersnot in Kanaan, Überfluß in Ägypten. Auch die Einfalt, die geistige Unbeweglichkeit des ägyptischen Bauernvolkes, wird wieder beschworen: Im ganzen Land ist kein Mann zu finden, der die schicksalsschweren Träume des Pharao zu deuten vermag.
Hier erscheint der Hebräer Josef als Deuter, als Vermittler, als Mann des Ausgleichs.
Der Hebräer Josef? Josef, im akkadischen Kulturkreis — bei Laban, bei dem sein Vater Jaakob diente — geboren, in Kanaan aufgewachsen, in Ägypten zum Mann gereift, war vermutlich mehr Kosmopolit und tendierte mehr zu einem grenzüberschreitenden, weltoffenen Synkretismus als irgendeine andere Gestalt, von der die Bibel erzählt.
Daß er akkadisch-israelitisches Denken mit ägyptischer Kultur vereinigte, offenbart sich schon bei der Deutung der Träume des Pharao, zu dem der von seinen Brüdern verkaufte Sklave aus dem Gefängnis gerufen wurde. Sieben fette, sieben magere Kühe; sieben volle, sieben dünne Ähren: das sind Symbole Ägyptens. Sieben gute, fette Jahre, sieben dürre Jahre: das kennt Josef aus den Geschichten seines Vaters, der sieben

gute Jahre, Jahre der Liebe zu seiner Mutter Rachel, und sieben dürre, schlechte Jahre, Jahre des Zorns über den Schwiegervater, der ihn in der Hochzeitsnacht getäuscht, bei Laban gedient hatte. Aber auch die Umwandlung der landbezogenen ägyptischen Bilder in Jahre, in abstrakte Zeit, entspricht dem um Zeit und Geschichte bemühten Denken seiner Väter.

Er verglich ohne Voreingenommenheit, ohne das Gefühl von "Greuel", von Abscheu vor dem Geruch des andern, das Bauern und Nomaden entzweite, er verglich vorurteilsfrei die Welten, durch die sein Lebensweg ihn geführt hatte. Er verglich die Menschen und ihre Träume, die Völker und ihre Mythen, Riten und Kulte. Und vom Vergleich war es nur noch ein kleiner Schritt zum Ausgleich.

Der Gedanke des Ausgleichs hatte für Josef drei Dimensionen: Zum ersten — Ausgleich zwischen den fetten und den mageren Jahren durch Aufkauf und Lagerung des Getreideüberschusses in den Jahren des fruchtbaren Nil, durch staatlich gelenkte und organisierte Vorsorge für die Zeit der Dürre und Teuerung. Zum zweiten — Ausgleich zwischen reich und arm, zwischen den ägyptischen Großgrundbesitzern, die mit ihrem Geld, ihrem Vieh und ihrem Boden für das Getreide bezahlen mußten, und den kleinen Leuten, die es als Lohn für ihre Arbeit bekamen, mit der sie nun dem ausgleichenden Staat, nicht mehr den reichen Bauern dienten. Zum dritten — Ausgleich zwischen dem reichen, mit Überschuß gesegneten Niltal und den unterentwickelten, unter der Hungersnot leidenden Ländern an seiner Peripherie, zu denen — daran dachte Josef besonders — auch das Land gehörte, in dem sein Vater und seine Brüder lebten.

Ist es ein Wunder, daß der, der vom Sklaven zum ersten Minister Ägyptens aufstieg, bei seiner Wirtschaftsplanung an die

Armen dachte, daß der, der aus dem armen Kanaan kam, in seiner Außen- und Entwicklungspolitik an das Land seiner Herkunft dachte? Josef war der erste Staatsmann, der in anderen Ländern Entwicklungshilfe leistete, die dem ägyptischen Staat natürlich in mancherlei, vor allem in politischer Hinsicht zugute kam. Als ägyptisch sprechender Hebräer überwand er den Mangel auf beiden Seiten, den Mangel an Witz bei den Ägyptern und den Mangel an Nahrung, an materieller Sicherheit bei den Hebräern.

Wohin gehörte Josef? Er sprach Ägyptisch, er heiratete die Tochter eines ägyptischen Priesters, er nahm in seiner Wirtschaftspolitik auf den ägyptischen Klerus in besonderem Maße Rücksicht, er gab seinen Söhnen ägyptische Namen und ließ sich nach ägyptischem Brauch einbalsamieren, um — wie jeder Ägypter — in Osiris einzugehen. Als seine Brüder vor ihm standen, konnten sie in dem vornehmen, ägyptisch gekleideten, ägyptisch sprechenden Herrn über die Reichtümer Ägyptens ihren Bruder Josef, den sie vor langer Zeit in eine Grube geworfen und verkauft hatten, nicht erkennen. Das war Josefs Tragik: Er hatte seine Brüder für immer verloren. Und wenn erzählt wird, daß er bei der Erkennungsszene weinte, so deshalb, weil sie ihn nicht mehr als Bruder annahmen. Sie, die er vielleicht stellvertretend für alle Kinder seiner Zeit, in denen er den Bruder suchte, vor seinen Thron zitiert hatte, erkannten den Bruder nicht an. Auch sie wiesen ihn in die eisigen Regionen zurück, die den Regierenden vorbehalten sind.

Es schien Josef, als stießen sie ihn zum zweiten Mal in die Grube. Dieses Mal aber war es endgültig, unwiderruflich, war an eine Rückkehr in den Schoß der Familie nicht zu denken. Er hatte keinen Anteil mehr an der Sippe, die ihn hervorgebracht, sie hatte ihn ein für alle Male verstoßen.

Der Vater, der greise Patriarch von Hebron, bestätigte das Ur-

teil der Brüder. Er weigerte sich, dem ägyptischen Herrn, der ihn Vater nannte, jenen Erbsegen zu geben, der ihn in die Reihe der Brüder zurückgestellt hätte. Er schenkte den ihm zugedachten Segen Josefs beiden Söhnen, die ihn damals sicher an den Verschollenen, wie e r ihn kannte, erinnerten. "Meine Söhne sollen sie sein", sagte er rechthaberisch, "mir sollen sie gehören wie Re'uben und Simon!" — Mit Re'uben und Simon, mit den Stämmen Israels, sollten die beiden Josefsöhne nach dem Testament des Erzvaters erben. Bei der Aufteilung des Landes Israel sollten sie dieselben Rechte haben wie Josefs Brüder. Einen Stamm Josef aber durfte es nach Jaakobs letztem Willen nicht geben. Sein Name wurde aus dem Stammesverband gestrichen. Keine Landschaft Israels trug jemals seinen Namen.
Für Ägypten aber war Josefs Zeitalter eine Zeit des Friedens, des Ausgleichs und der globalen Verantwortung. Die ägyptischen Bauern tolerierten die Hirtenstämme, die Josef mit Billigung des Pharao im Lande Gosen im Nildelta ansiedelte. Sie zwangen sie nicht, ihre eigene Kultur aufzugeben und sich den Sitten und Bräuchen des Staatsvolkes anzupassen. Die afrikanischen Bauern und die asiatischen Hirten lebten friedlich nebeneinander.

Das Sklavenhaus

Die Vorurteile, für die die großen Reichsvölker, die nie die Probleme des Exils und des Minderheitenstatus kannten, sicher anfälliger sind als die anderen, waren nur überlagert, nicht überwunden. Sie brachen wieder auf, als — wie die Bibel am Anfang des Buches "Exodus" erzählt — in Ägypten ein König regierte, "der von Josef nichts wußte" und der vermutlich — wie es in der Geschichte immer wieder vorkam —

einen Sündenbock brauchte, um seine Untertanen von ihren eigenen Nöten und den von ihnen geforderten Opfern abzulenken. Mit der Behauptung, die Israeliten würden sich im Vergleich mit den Ägyptern zu rasch vermehren, ja "sie könnten sich im Falle eines Krieges zu unseren Feinden schlagen und gegen uns kämpfen", schürte er die in der Volksseele schlummernden Ängste, schuf er ein Feindbild, das das Volk in eine mystische Einheit mit seinem Herrscher zwang.

Warum hätten die Israeliten sich mit den Feinden Ägyptens verbünden sollen, wenn es ihnen gutgegangen wäre, wenn Harmonie und Frieden zwischen den Völkern des ägyptischen Staates geherrscht hätten?

Zu den Propagandaformeln, mit deren Hilfe ein größenwahnsinniger Herrscher sein Volk aufhetzte, paßten die Sondergesetze, deren die explosive, die Ordnung des Staates gefährdende Minderheit unterworfen wurde. Sondergesetze, die immer härter, immer einschneidender, immer unmenschlicher wurden. Sie erreichten ihren Höhepunkt in der Verordnung, alle Knaben der israelitischen Minderheit nach der Geburt in den Nil zu werfen. Die Mädchen, die man leichter assimilieren, "ägyptisieren" konnte, ließ man am Leben.

Wir würden dieses Gesetz in den Bereich des Mythos verweisen — an die Verwandtschaft mit dem Osiris-Mythos wurde schon erinnert —, wir würden dem biblischen Bericht die historische Glaubwürdigkeit absprechen, wären wir im 20. Jahrhundert nach Christus nicht Zeugen ähnlicher Sondergesetze und ähnlicher biologischer Ausrottungspraktiken geworden. Vielleicht hat die Bibel selbst hier, wo Werner Keller es nicht vermutet, recht.

Der König, der diese Gesetze erließ, war — darüber sind sich die Gelehrten fast einig — Ramses II., der auch der Große genannt wird. Es fragt sich allerdings, ob die Maßlosigkeit, die wahnwitzige Bauwut, die Gigantomanie und die Eitelkeit dieses Monarchen, der 67 Jahre lang regierte und der ganzen Welt den Stempel seiner Persönlichkeit aufzudrücken suchte, mit wirklicher menschlicher Größe vereinbar ist.

Von den zahllosen Städten, die Ramses bauen ließ, nennt die Bibel zwei: die Vorratsstädte Ramses — der Pharao taufte viele Städte auf seinen Namen — und Pitom. Ein Heer von Fronvögten, Verwaltungsbeamten, Aufsehern, Polizisten, Antreibern zwang die Hebräer zum Arbeitseinsatz beim Bau dieser Städte. Aus den freien, nomadisierenden Hirten ist ein Volk von Sklaven geworden, ein städtisches Proletariat, das Ziegel brennen, Mörtel rühren, Häuser bauen mußte — ein Greuel für die Nomaden, deren heiligstes Gesetz hieß: Du sollst nicht begehren ein Haus!

Von nun an ist Ägypten für das Volk Israel zum Sklavenhaus geworden, das es seiner Freiheit beraubt und zu Frondienst und Sklavenarbeit erniedrigt hat.

Immer wieder — in der Wüste, als die müden Wanderer von den Fleischtöpfen Ägyptens träumten, im Lande Kanaan, als sie begannen, Häuser für sich und ihre Kinder zu bauen, im Königreich Israel, als ein Herrscher aus dem eigenen Volk sie zum Frondienst an seinen Palästen zwang, in der Diaspora, als manche Demütigungen an ägyptische Zustände gemahnten, und im neuen Israel, dessen erste Einwanderer die wiedererlangte Freiheit mit sozialer Gerechtigkeit zu verbinden suchten —, immer wieder wird Israel daran erinnert, daß seine Vorfahren Sklaven in Ägypten waren. Jedes Jahr beginnt die Lesung der Haggada, der Geschichte vom Auszug aus Ägypten, am jüdischen Pessach-Fest mit dem Satz: "Wir waren Sklaven des Pharao in Ägypten."

Immer wieder ermahnten die Propheten Israels das Volk und seine Könige, an ihre Väter zu denken, die in Ägypten versklavt waren, und keine politischen und sozialen Zustände zu dulden, die auch nur im entferntesten an das Ägypten des Ramses erinnern. Deshalb wird im zweiten Dekalog, der im 5. Kapitel des 5. Buches Mose steht, sowohl der Sklave als auch der "Ger", der Gastarbeiter aus der Fremde, in das Sabbatgebot einbezogen, das dem arbeitenden Menschen den Ruhetag bescherte, den man in Ägypten nicht kannte. Und abweichend von der kosmischen, auf den Schöpfer bezogenen Begründung desselben Gebotes im Buche Exodus, wird es an dieser Stelle mit dem eigenen Sklavendasein in Ägypten erklärte: "Sei dessen eingedenk, daß du" — du selbst, nicht deine Vorväter — "ein Sklave warst im Lande Ägypten." Wurde die erste Fassung des Dekalogs, die Sinai-Fassung, den Menschen gegeben, die den ägyptischen Frondienst noch am eigenen Leib erfahren hatten und der ausdrücklichen Erinnerung daran nicht bedurften, so stammte die zweite Fassung aus der Zeit der Könige Israels, aus einer Zeit, in der die israelitischen Bauern nicht mehr an die ferne, erniedrigende Vergangenheit denken wollten.

Mose

Eine alte jüdische Legende erzählt: Unter den Arbeitssklaven in Ägypten war eine schwangere Frau, die während der Arbeit am Bau ein Kind gebar. Die Aufseher aber schlugen sie und zwangen sie, die Arbeit fortzusetzen. Der Säugling aber fiel aus dem Mutterleib in eine mit feuchtem Lehm gefüllte Baugrube und versank darin. Da erschien Michael, der Schutzengel Israels, ergriff das Kind, brachte das leblose, lehmbedeckte Wesen vor den höchsten Richter und klagte Ägypten an. Da erzürnte der Herr über alle Maßen über Ägypten. Er erkannte, daß das Maß der Leiden Israels voll war, und beschloß, das Volk aus der Hand der Ägypter zu befreien.

Der Mann, der die Befreiung Israels vorbereitete und realisierte, war Mose. Er war ein harter, unbequemer Mann, der — wie die Bibel sagt — eine schwere Zunge hatte. Mit ihm tritt an die Stelle der heiteren, humorvollen Hirtensprache und der verbindlichen, verständnisvollen, zwischen den Gegensätzen vermittelnden Sprache des josefinischen Synkretismus die harte, kompromißlose Sprache des radikalen Eiferers, der an die absolute Wahrheit, an die absolute Gerechtigkeit und an die absolute Freiheit des Menschen glaubt. Dieser Glaube macht ihn zum Sprecher der unterdrückten Masse und gibt ihm den Mut und die Kraft zum Widerstand gegen die Staatsmacht.

Im Namen des Absoluten, im Namen einer unsichtbaren, mit keinem Bild zu fassenden Macht, stellt er sich dem Pharao, der die seit Jahrtausenden herrschende Macht repräsentiert, entgegen mit der unerhörten Forderung, dem arbeitenden Volk einige Feier-Tage zu geben, Sabbat-Tage, an denen es seinem wahren Herrn in der Wüste dienen und opfern möge. Der Pharao, der in der diesseitigen Welt keinen anderen Herrn neben sich duldet, ist empört. Um das Volk daran zu hindern, über seine Lage und die Möglichkeit eines anderen Lebens nachzudenken, erhöht er die von den Sklaven geforderte Arbeitsleistung. Und da die Leute die Norm nicht erfüllen können und die Fron verschärft wird, wenden sich die israelitischen Aufseher, die der Pharao über ihr eigenes Volk gesetzt hat, gegen Mose und werfen ihm vor, er habe sie mit seinen radikalen Forderungen beim König in Mißkredit gebracht, er stürze das ganze Volk ins Unglück.

Mit den israelitischen Funktionären im Dienste des Staates, die an die über ihre Mithäftlinge gesetzten Kapos in den Lagern des Nazi-Staates erinnern, mit ihnen und ihresgleichen mußte Mose zeit seines Lebens kämpfen. Sie waren es, die in der Wüste von den Zwiebeln und dem Knoblauch Ägyptens

7 Ein Esel in Jerusalem — das biblische Symbol der Demut. (Foto Hans Lachmann)

8 Aus der Altonaer Haggada von 1738: Die Israeliten ziehen durchs Schilfmeer. Rosse und Reiter Ägyptens versinken. (Universitätsbibliothek Amsterdam, Inv. Nr.: Hs Ros 382)

träumten, die ihn bei jeder Gelegenheit angriffen und ihm vorhielten, "es wäre besser gewesen, den Ägyptern zu dienen, als in der Wüste zu sterben". Sie bildeten — gegen Mose und seinen unsichtbaren Wüstengott — das goldene Kalb, das das Volk an den Chapi-Stier, das Fruchtbarkeitssymbol Ägyptens, erinnerte. Sie haßten diesen Mann, der über ihre menschlichen Schwächen erhaben war, sie suchten ihn beim Volk schlechtzumachen, sie planten Aufstände gegen ihn und trachteten ihm nach dem Leben.

Mose verachtete diese Menschen, denen die Sicherheit heiliger als die Freiheit war, aus tiefster Seele. In seiner radikalen Jugendphase hätte er sich auch beinahe an einem ihrer Mitläufer vergriffen, der ihm vorwarf, daß er einen ägyptischen Schläger im Zorn getötet hatte, der sich sein soziales Engagement für die Unterdrückten verbat. Und angesichts des goldenen Kalbs zerbrach er in einem Anfall von Zorn die mit den Zehn Geboten beschriebenen Tafeln aus Stein; einen Augenblick lang fand er diese kleinmütigen Menschen seines besten Werkes, das er sich mühsam entrungen hatte, nicht für würdig. Später lernte er, Geduld mit ihnen zu haben, Nachsicht für ihre Schwächen, und verstand sich sogar zu Kompromissen. So entstand die Bundeslade, die er nach der Affäre mit dem goldenen Kalb dem Volk als Thronwagen des Unsichtbaren schenkte, als ein Zugeständnis an das Verlangen der Menschen, das Göttliche mit Augen zu sehen, sich ein Bild davon zu machen.

Wer war dieser Mann Mose? War er ein Hebräer oder war er — wie Sigmund Freud meint — ein Ägypter?

Sicher wurde er ägyptisch erzogen, ägyptischer als die Arbeitssklaven, die selbst durch den Verlust ihres angestammten ökonomischen, sozialen und kulturellen Hintergrunds ihre religiöse Identität — und damals gehörten Religion und Volk zusammen — verloren hatten. Er wuchs im Haus einer der ersten Frauen Ägyptens auf — wie ein ägyptischer Prinz. Ob die Pharaonentochter ihn als einen der von den Hebräern ausgesetzten Knaben aus dem Wasser gezogen und adoptiert hat — wie die Bibel erzählt — oder ob sie ihn — wie Freud annimmt — selbst geboren hat, ist für Moses Werdegang letztlich gleichgültig. Nicht das Blut entschied über seine Entwicklung, sondern das Milieu, in dem er aufwuchs, die Erziehung, die ihn prägte. Als er, von den Erzählungen seiner mutigen Mutter ergriffen und von sozialer Neugierde getrieben, "zu seinen Brüdern hinausging", da sah er ihre Zwangsarbeit und Not von außen, als einer, der nicht unmittelbar zu ihnen gehörte; er hatte die Zeit, über das, was er sah, nachzudenken, und die Sensibilität für soziales Unrecht. Wäre er aus ihrer Mitte gekommen, so hätte er vermutlich nichts verändert.

Wenn Mose seinen eigenen Stand und seine Lage mit der der Sklaven verglich, so führte ihn der Vergleich — anders als bei Josef, den der Vergleich zum Ausgleich führte — zur Auseinandersetzung mit dem bestehenden Herrschaftssystem, zum Widerstand. Überhaupt war Moses Lebensweg dem des Josef diametral entgegengesetzt. War Josef vom Sklaven zur Spitze des ägyptischen Staates aufgestiegen, so stieg Mose von der Spitze hinab zu den Sklaven und ihrer Not, die er zu der seinen machte. War Josef von der urbanen, synkretistischen Hochkultur Ägyptens fasziniert, so suchte Mose die Wahrheit in der glühenden Einsamkeit und Eintönigkeit der Wüste. Tendierte Josef zur Mannigfaltigkeit, zum friedlichen Nebeneinander der Völker, Kulturen und Religionen, so rang Mose um die Einheit, um den Einen, Einzigen und Ewigen, der keinen Gott neben sich duldete, der den Glauben an andere ausschloß. Hatte Josef den Einzug seiner Brüder, der "Kinder Israels", in Ägypten eingeleitet, so erzwang Mose ihren Auszug.

Auf dem Höhepunkt seines Kampfes für die Unterdrückten schleudert Mose dem Pharao den lapidaren, in den Meditationen der Wüste geborenen Satz entgegen, der wie ein Leitmotiv im Verlauf der Auseinandersetzungen immer wieder ertönt: "Schalach et ami!" — Laß mein Volk ziehen! Gib ihm die Freiheit!

Wer die Stationen dieser Auseinandersetzung verfolgt, muß zu der Überzeugung kommen, daß Mose am Anfang Reformen für die Sklaven erkämpfen wollte, daß er später aber an der Durchsetzbarkeit dieser Reformen im Rahmen des ägyptischen Staates zu zweifeln begann und zuletzt die radikale Lösung anstrebte: die totale Entflechtung, den Auszug der Sklaven aus Ägypten, ihre Umwandlung in ein freies, von neuen Gesetzen geleitetes Volk.

Schließlich ließ sich der Pharao, von einer Reihe von Seuchen und Naturkatastrophen getroffen, gegen die seine Magier machtlos waren, von den königlichen Ratgebern umstimmen und ließ die Sklaven ziehen.

An dieser Stelle der Geschichte fällt der biblische Satz auf: "Der Herr aber verschaffte dem Volk Gunst bei den Ägyptern; der Mann Mose war sogar hoch angesehen in Ägypten" (Exodus 11,3). Das heißt, daß die Vorurteile gegen die Minderheit von oben gezüchtet und in den Dienst der Politik gestellt wurden, daß sie in der ägyptischen Bevölkerung aber kaum ein Echo fanden.

Aus demselben Geist stammt auch die im Talmud aufgezeichnete Legende über den Untergang der ägyptischen Kavallerie, die die fliehenden Israeliten ins Rote Meer hinein verfolgte. "In jener Stunde", heißt es dort, "wollten die Engel im Himmel einen Jubelgesang vor dem Herrn anstimmen.

9 Die Cheops-Pyramide bei Gizeh aus dem 27. Jh. v. Chr. (Archiv der Botschaft der Arabischen Republik Ägypten, Bonn)

10 Die Menora, das älteste Symbol Israels, in Jerusalem (Archiv der Botschaft des Staates Israel, Bonn)

Der Herr aber sagte zu ihnen: Das Werk meiner Hände ertrinkt im Meer — und ihr wollt vor mir jubeln?"
Ägypten und Israel trennen sich selbst in dieser Stunde nicht als Todfeinde, die einander ewige Rache schwören.
Im biblischen Schilfmeer-Epos erscheint das Pferd zum ersten Mal als Symbol Ägyptens, als Symbol für den Hochmut des Pharaonenreiches: "Alle Rosse des Pharao, seine Streitwagen und Reiter jagten hinter den Israeliten her" und versanken im Schlamm des seichten Gewässers, das die zu Fuß watenden Hebräer fast mühelos passierten.
Galt den Ägyptern das von den Hyksos aus Asien übernommene Pferd als edelstes und vornehmstes Haustier, so liebten die Israeliten den aus Afrika stammenden Esel, den die Erzväter offenbar aus Ägypten mitgebracht hatten. Er wurde für Israel zum Symbol der Demut, der klugen Bescheidenheit und des Friedens. Nach der Prophezeiung des Sacharia, auf die sich auch Jesus von Nazaret berief, wird der Friedenskönig des messianischen Reiches einst auf einem Esel in Jerusalem einziehen und die Pferde samt Streitwagen, die Symbole des Krieges, ausrotten. Die Ägypter hingegen verachteten den Esel und schlugen ihn bei jeder Gelegenheit. Im Kult wurde er als grundsätzlich böses Tier dargestellt. In der Spätzeit hielt man den Esel für eine Manifestation des Seth, des verhaßten Osiris-Mörders, dem sie zur Schmach einen Eselskopf aufsetzten.
Im Auszug aus Ägypten, dem Initial-Erlebnis des Volkes, fand Israel zu seiner eigenen Identität. Exodus — das ist hier nicht nur Auszug, Auseinandergehen im physischen Sinne, sondern auch Auseinandersetzung und Aufbruch im geistigen und religiösen Sinn. Deshalb stellt sich der Herr Israels in der zentralen Offenbarung am Sinai als der vor, "der dich aus Ägypten, dem Sklavenhause, herausgeführt hat". Deshalb

muß auch Aaron, der schwankende, in den Vorstellungen des ägyptischen Synkretismus beheimatete Priester, diese Formel sogar über das goldene Kalb sprechen, wenn er glaubhaft erscheinen will. Das dem Kult des Nillandes entlehnte Götzenbild wird mit dem Namen des Gottes geweiht, "der dich aus Ägypten geführt hat". Angesichts des nicht ganz ausgewachsenen Stiers, der im Grunde nach Ägypten zurückführt, wird das Pharaonenreich allerdings nicht als Sklavenhaus bezeichnet.

Natürlich birgt die Anwendung der Offenbarungsformel auf das in die falsche Richtung weisende Tierbild sowie die Tatsache, daß das Material, aus dem es gegossen wurde, nicht für einen ausgewachsenen, fruchtbaren Stier reichte, auch eine gehörige Menge Ironie. Im ganzen gesehen aber war Mose viel zu besessen von seinem Auftrag, um Raum für Humor und Ironie zu haben. Er war besessen von der Idee, daß er alle großen Erfahrungen seines Lebens — die Flucht aus Ägypten, das Erlebnis der Wüste, die einsame Gotteserscheinung am Horeb, vielleicht auch die Rettung aus dem Wasser — mit dem Volk teilen müsse. Mit aller Macht mühte er sich um die Wiederkehr dieser eigentlich einmaligen Erlebnisse vor seinem Volk und mit ihm.

Gegensätze

Die geistige Auseinandersetzung zwischen Ägypten und Israel spielte sich auf verschiedenen Ebenen ab:

1. Gegen den allmächtigen Pharaonenstaat, der seinen Bewohnern Sicherheit gewährte, setzte Mose die Idee der Freiheit. Freiheit von sozialem Druck, von jeglicher Form von Versklavung des Menschen durch den Staat oder durch den

Mitmenschen ist der Inhalt vieler Gesetze, die im Buch Exodus kodifiziert sind, nicht nur des Sabbat-Gebots, das sogar dem Vieh den arbeitsfreien Tag bescherte. Auch der siebenarmige Leuchter, der wohl älteste Kultgegenstand Israels, ist ein Symbol der Freiheit. Seine sieben Leuchten stehen für die sieben Tage der Woche, die Mose — im Gegensatz zu Ägypten, das nur den Monatszyklus kannte — für den arbeitenden Menschen schuf.

2. Gegen die mannigfaltigen, vielgestaltigen, land- und naturbezogenen Götter Ägyptens setzte Mose den einen weltumfassenden Gott, der als unsichtbares Geistwesen über der Natur und ihren Gesetzen steht, gegen den polytheistischen Synkretismus Ägyptens den strengen Monotheismus Israels, der keine Vergleiche zuließ. Der Schöpfergott Israels wurde nie der Herr des Landes Israel — wie der Baal der semitischen Völker und die Götter Ägyptens.

3. Gegen den Totenkult Ägyptens setzte Mose die diesseitsbezogene Religion des lebendigen Gottes. Das irdische Dasein steht in ihrem Mittelpunkt. "Ehre deinen Vater und deine Mutter", heißt es im Dekalog, "damit du lange lebest auf dieser E r d e." Nach Moses Lehre leben die Menschen nicht im Himmel oder in Osiris fort, sondern in ihren Kindern und Enkeln. Und die Toten? Selbst die Könige Israels wurden nicht einbalsamiert, sie wurden der Erde zurückgegeben und zu ihren Vätern, zu ihrem Stamm, versammelt. Kein Volk der Antike befaßte sich mehr mit dem Tode und dem Jenseits als das ägyptische, keines sorgte sich mehr um das irdische Dasein als Israel.

4. Gegen den Bilderkult Ägyptens, dessen unermeßliche Bildzeugnisse von der Bilderschrift der Hieroglyphen bis zu den Kolossalstatuen der Gottkönige reichten, setzte Mose sein hartes "Du sollst dir kein Bild machen". War doch auch das

Bild, das einen Menschen "verewigte", für den Ägypter ein magisches Mittel gegen den Tod, ein Weg in die Göttlichkeit! Moses Bilderverbot führte das Volk Israel von der ägyptischen Bilderschrift zur phonetischen Buchstabenschrift und drängte die schöpferischen Kräfte des Volkes von der Bildkunst zur Kunst des gesprochenen und geschriebenen Wortes und zur Musik. Kein Volk war so bildversessen wie die alten Ägypter, keines so musikalisch wie die Juden.

5. Gegen die Tempel, die nach ägyptischer Vorstellung den Göttern als Wohnung dienten, gegen den Tempelkult Ägyptens setzte Mose die freie, an kein eingrenzendes Haus gebundene Anbetung der Gottheit, deren Wohnung die ganze Welt ist. Die Bundeslade, die beim Zug durch die Wüste und in späterer Zeit bei den Kriegszügen Israels mitgeführt wurde, sowie das Bundeszelt, das "Zelt der Begegnung" mit dem Herrn, waren nur Symbole der Präsenz Gottes, durch die das göttliche "Ich bin", das Mose am Dornbusch genügt hatte, in das menschlichere "Ich bin da", "Ich bin da für euch" verwandelt wurde.

6. Gegen die Magie der Ägypter, in deren Leben Zaubersprüche, Amulette zum Schutz vor Unheil und Beschwörungsformeln aller Art eine nicht zu überschätzende Rolle spielten, setzte Mose sein "Du sollst den Namen Gottes nicht mutwillig aussprechen". Du sollst den göttlichen Namen nicht zu magischen Zwecken mißbrauchen. Er baute gegen die Zauberreligionen Ägyptens, mit dessen Magiern er sich vor dem Exodus selbst auseinandersetzen mußte, um die Macht seines Gottes zu beweisen, einen Schutzwall von Verboten, die er dem Volk, das in diesem Punkt am störrischsten war, immer wieder einhämmerte. Er tabuisierte die Zauberei, die Beschwörung der Toten und all jene Sexualriten, mit deren Hilfe man die Fruchtbarkeit der Felder und der Herden auf magi-

sche Weise zu beeinflussen suchte. Vor allem aber setzte Mose gegen die Magie der ägyptischen Priester, die im Alten Testament verächtlich "Zauberer" genannt werden, die Prophetie — die Prophetie der israelitischen Seher, die auf den freien Willen und die freie Entscheidung des vom Propheten angesprochenen Menschen baute.

7. Gegen die Fruchtbarkeitskulte des Pharaonenreichs setzte Mose das Ideal der kargen und strengen Wüste und das Ethos vom einfachen Leben in der Gemeinschaft der Stämme. In der Wüste, die in ihrer Härte Moses Charakter entsprach, erzog er das Volk. In der Wüste erlebte Israel seine Volkwerdung und die Offenbarung seines Gottes. Immer wieder haben die Propheten späterer Zeiten, die Mahner und Kämpfer für soziale Gerechtigkeit, das Volk an die Ideale der Wüste erinnert. Ob Mose die Wüste überhaupt verlassen wollte, ob nicht sie in seinen Augen das Land war, wo "Milch und Honig floß" — ein typisches Nomadenideal, wie Martin Buber feststellt —, ist angesichts der Fruchtbarkeitsriten, denen das Volk sich an der Grenze zum Ackerland hingab (Numeri 25), höchst ungewiß.

Der Pendelschlag der Geschichte

Die Gegensätze zwischen dem alten Ägypten, das in der biblischen Prophetie manchmal der Erstgeborene des Schöpfers genannt wird, und dem jüngeren Israel traten in der Stunde der Trennung, des Aufbruchs Israels aus dem Pharaonenreich, in schärfster Form, in radikaler Härte zutage. Im Laufe der Geschichte aber treten die Gegensätze zurück — zugunsten einer allmählichen Annäherung, einer Rückbesinnung derer, die einst Hirten im Nilland waren, auf ägyptische Ur- und Vorbilder.

Dies wird zum ersten Mal sichtbar im Augenblick des Einzugs Israels in das Land Kanaan, da das Nomadenvolk sich anschickt, ein Land-Volk zu werden — wie Ägypten. Angesichts der Beschneidung, die Josua, Moses Jünger und Nachfolger, an den in der Wüste geborenen Männern vollzieht, wird gesagt: "Heute habe ich die Schmach der Ägypter" — das heißt: den Grund, weswegen sie über euch spotten können — "von euch genommen." Man schämte sich wegen einer Unterlassung, durch die man sich von den Ägyptern unterschied, die — wie erhaltene Bildzeugnisse verraten — die Knaben in der Zeit der Pubertät beschnitten.
Die Schande war groß, zumal Israel im Zeichen der Beschneidung sein eigenes Bundeszeichen, eine ihm von Gott gewährte Auszeichnung sah, wohingegen der Brauch bei den Ägyptern zuweilen zur rituellen Kastration entartete. Einer jener "Entmannten", wie die Bibel die Höflinge des Pharao nennt, ging sogar in die Geschichte Israels ein. Es war jener Potiphar, dessen frustrierte Gattin den jungen und attraktiven Josef, den Haus- und Hofverwalter ihres hohen, aber impotenten Gemahls, gewaltsam zu verführen suchte. Selbstverständlich distanzierte sich Moses lebensbejahende Religion von der rituellen Kastration. Man muß jedoch auf Grund verschiedener Zeugnisse annehmen, daß Mose in seinem Bemühen, sich in jeder Beziehung von den Ägyptern abzugrenzen, auch die einfache Beschneidung, die die Zeugungskraft nicht lähmt, abgelehnt hat.
Josef und Mose: das sind die äußersten Punkte einer Pendelbewegung, welche die Geschichte der Beziehungen zwischen Ägypten und Israel im Laufe der Jahrtausende bestimmte. Es ist die Geschichte einer zwischen Ausgleich und Auszug, zwischen Anziehung und Auseinandersetzung schwingenden Bewegung. Die beiden Völker ergänzten sich in ihrer aufeinan-

derbezogenen Gegensätzlichkeit so, wie — der Vergleich sei gewagt — Mann und Frau sich ergänzen. Wobei das eher passive, beharrende, land- und erdgebundene, mit großen Göttinnen und berühmten Königinnen gesegnete Ägypten mehr das weibliche Prinzip, das unruhigere, dynamischere, zukunftsorientierte, von sehr männlichen Patriarchen und Propheten geprägte Israel eher das männliche Prinzip verkörpert.
Bei aller Gegensätzlichkeit aber gab es zwischen Ägypten und Israel stets grundlegende Gemeinsamkeiten. Hier sei nur die Ehrfurcht vor dem Leben und die Ablehnung des Menschenopfers genannt, das bei den meisten Völkern des Altertums zum religiösen Ritual gehörte. Nach einer alten Legende wurde der ägyptische König Cheops, dessen Pyramide berühmt geworden ist, von einem Zauberer belehrt, daß es verboten sei, "das heilige Tier Gottes" zu opfern. Und Abraham, der Stammvater Israels, setzte mit seinem von höchster Stelle abgesegneten Tieropfer, mit dem Widder, den er anstelle des Sohnes schlachtete, ein Zeichen für alle Väter seines Volkes. "Gott will das Opfer eurer Söhne nicht", rief er ihnen zu und erklärte zur Sünde, was vor ihm Gebot war. Dies ist ein Indiz für die tiefe Humanität, die die beiden Kulturen seit frühester Zeit besaßen.

Das Reich Davids und die Priesterkönige in Ägypten

In der Zeit der Landnahme herrschten Richter, charismatische Führer und Feldherrn im Sinne der Prophetie des Mose, über Israel. Da sie nach dem Willen Moses und der Priester die Macht nicht an ihre Söhne vererben durften, herrschten in den "Zwischenzeiten" — wie man auch in Ägypten die Perioden zwischen den Blütezeiten der Geschichte nennt — An-

archie, Not, Bedrohung durch fremde Stämme und Völker, in "deren Hand der Herr das Volk gegeben hatte".
Allmählich aber begann sich im Volk Kritik an den von Mose geschaffenen Zuständen zu artikulieren, die für ein Volk mit Land, für einen Staat, nicht zu passen schienen. Kritik gegen eine Herrschaftsform, der es wegen der Ablehnung der dynastischen Idee an jener Kontinuität und Stabilität mangelte, die — wie man aus der Geschichte Ägyptens wußte — allein Sicherheit und Ordnung gewährleistete. Mochten die Söhne großer Herrscher auch klein, unbedeutend und korrupt sein — wie die Hüter des Glaubens dem Volk suggerierten —, so waren sie doch besser als der chaotische, von schweren Verbrechen und Bruderkriegen zwischen den Stämmen gekennzeichnete Zustand, den der mehrmals wiederholte Satz beschreibt: "Es war kein König in Israel; ein jeder tat, was ihm gefiel."
Um 1020 v. Chr., in der Zeit der schweren Kämpfe mit den Philistern, die die Mittelmeerküste besetzt hatten und von dort ins israelitische Bergland vorstießen, kam mit Saul der erste König an die Macht. Er einigte die Stämme, er errang wichtige Siege, er scheiterte jedoch am Widerstand der Priester, die sich in ihren Machtbefugnissen beschnitten sahen.
Ihm folgte David, der große König und Staatsmann, der Begründer der ersten Dynastie in Israel, der Schöpfer eines Reiches, das dem ägyptischen Vorbild entsprach.
Das Reich Davids entstand im Jahre 1000 v. Chr. — wie das Alte Reich Ägyptens 2000 Jahre zuvor — durch den Zusammenschluß der Südstämme, denen er selbst entstammte, und der Nordstämme Israels. Und so wie der Gründer des ägyptischen Reiches seine Hauptstadt an der Nahtstelle des Südens und des Nordens, Ober- und Unterägyptens, errichtet hatte, erhob David das von ihm eroberte Jerusalem, das wie ein Boll-

werk zwischen den israelitischen Nordprovinzen und dem Stamm Juda im Süden lag, zur Hauptstadt seines Reiches. Um die Stadt aber zu einem wirklichen Zentrum, zum politisch-religiösen Mittelpunkt des Landes zu machen, ließ er das heiligste Kultsymbol Israels, die Bundeslade, nach Jerusalem überführen. Er plante auch den Bau eines Tempels zur Unterbringung der heiligen Lade. Wenn er diesen Plan auch wegen des Widerstands der prophetischen und der partikularistischen Kräfte im Volk zu seinen Lebzeiten nicht mehr verwirklichen konnte, so gelang es ihm doch, den Bestand seiner Dynastie durch die Verbindung mit Kult und Klerus sicherzustellen. David war klug genug, um einzusehen, daß er nicht gegen die Priester regieren konnte.

Auch in der Verwaltung seines Reiches ging David neue, an Ägypten erinnernde Wege. Im Gegensatz zu Saul, der noch alles selbst gemacht, der selbst in die Schlachten gezogen war, verstand es David, die verschiedenen Aufgaben im politischen, militärischen, wirtschaftlichen und kultisch-religiösen Bereich an die hervorragendsten Fachleute zu delegieren. Er holte nicht nur die schönsten Frauen, sondern auch die fähigsten Männer seines Landes an seinen Hof. Wenn ein kluger Kopf wie der Prophet Natan, der Davids Verhältnis mit Batseba zur Staatsaffäre machte, dem König mutig entgegentrat, so wurde er nicht einen Kopf kürzer gemacht, sondern zum leitenden Hofpropheten und königlichen Ratgeber erhoben und damit integriert.

Das von David entwickelte Steuersystem war zweifellos effektiver als das, was die ehedem dafür zuständigen Priester praktizierten. Die Volkszählung, von der die Bibel berichtet, hing offenbar mit diesem neuen Steuersystem zusammen. Er brauchte die Steuern vor allem für das von ihm ins Leben gerufene stehende Heer, das nicht nur die Philister schlug, sondern auch das Edomiterland im Süden, Ammon — das heutige Amman — im Osten und Damaskus im Norden Israels eroberte. Nie hat Israel ein größeres Gebiet beherrscht als zur Zeit des Königs David.

Äußere Umstände begünstigten Davids Politik. Er profitierte von der Ohnmacht der Großmächte jener Zeit. In Mesopotamien paralysierten sich Babylonien und Assyrien gegenseitig. In Ägypten residierten in der Zeit Davids in Tanis im Nildelta die Könige der 21. Dynastie, während gleichzeitig und praktisch unabhängig von ihnen im oberägyptischen Theben die Priester des Gottes Amûn regierten. Einige der Hohenpriester dieses "Gottesstaates des Amûn" nahmen sogar den Königstitel an. Diese "Priesterkönige", die zugleich Oberpriester und Befehlshaber der Truppen waren, übten eine theokratische Diktatur aus, in der alle Entscheidungen durch das Orakel des mächtigen Gottes gefällt wurden. Natürlich führte das Neben- und Gegeneinander der Machtzentren zu einer Schwächung Ägyptens.

Indem David die Reichsidee von dem ohnmächtigen Ägypten übernahm, setzte er sich und das von ihm geeinte Israel sozusagen an dessen Stelle. Sein Reich war das wahre Reich, die vollkommene Verwirklichung der Reichsidee in einer Zeit, in der Ägypten sie nur unzulänglich zu verwirklichen vermochte.

Die Erinnerung an Davids Reich aber klingt noch dreitausend Jahre nach dem großen König in der Hoffnung der gläubigen Juden auf das Friedensreich des Messias nach. Nach der jüdischen Tradition wird der Messias das Reich Davids in Zion wiederauferstehen lassen. Der Glanz der Vergangenheit wurde in Zeiten der Enttäuschung über die schwachen Könige, die auf David folgten, in die Zukunft projiziert.

David übernahm die ägyptische Reichsidee, ohne den Pharaonenstaat mit seinen Göttern, Gräbern, Statuen und Bildern zu kopieren. Er war ein echter Sohn Israels, der musizierte — er hielt sich sogar ein großes Orchester — und der israelitische Frauen liebte und heiratete.

Sein Sohn und Thronfolger Salomo war ganz anders. Er, der schon als Kind die Vorzüge des höfischen Lebens genoß, imitierte und importierte als König alles, was auch nur im entferntesten nach Ägypten roch. Von den Affen, die im Nilland göttliche Ehren genossen, bis zur Pharaonentochter, vom Gold, das er ebenso liebte wie die ägyptischen Könige, bis zum Tempel, von den Streitwagen und Pferden, für die er in Meggido und Chazor Ställe baute, die man noch heute bewundern kann, bis zur synkretistischen Duldung vieler Götter und Kulte holte er sich alles, was für Ägypten charakteristisch war, in sein Land.

Von Salomos vielen Frauen war nicht die sagenhafte Königin von Saba die wichtigste, sondern die Tochter des ägyptischen Königs, die er vor allem aus diplomatischen Gründen ehelichte. Während er die anderen Frauen in seinem Harem unterbrachte, baute er für die Pharaonentochter einen Palast nach ägyptischem Vorbild. Als Morgengabe schenkte ihm sein Schwiegervater die westlich von Jerusalem gelegene Stadt Geser, die der König des wiedererstarkten Ägypterreichs von den Kanaanäern erobert hatte. Nach dem Fall dieser ihrer letzten Bastion verschwanden die Kanaanäer aus der Geschichte des Landes, das nun Israel hieß.

Die Menschen in diesem Land wohnten — wie die Bibel sagt — "sicher, ein jeder unter seinem Weinstock und unter seinem Feigenbaum, solange Salomo lebte". Die Sicherheit aber war mit dem Verlust vieler Freiheiten erkauft, deren Israel sich noch unter David erfreute. Salomo zerschlug die alten, weitgehend autonomen Stämme und setzte künstlich geschaffene Verwaltungsdistrikte an ihre Stelle. Die königlichen Statthalter über diese Provinzen, die für das Aufkommen der gewaltigen Steuerlast verantwortlich waren, die der Hof und die Hauptstadt verschlangen, wurden von Salomo selbst eingesetzt und durch Verheiratung mit seinen Töchtern an das Königshaus gebunden. Für seine umfangreichen Baumaßnahmen aber brauchte der König ein Heer von Fronarbeitern, die unter der Peitsche von Aufsehern in den Steinbrüchen und Bergwerken sowie beim Transport der Steine und des kostbaren Zedernholzes aus dem Libanon und am Bau selbst arbeiten mußten. So entstand in einem Volk von freien Hirten und Bauern ein städtisches Proletariat, wie man es in Ägypten in der Zeit vor dem Exodus gekannt hatte.

Es ist kein Zufall, daß Salomo an die Stelle des Pessach-Festes, das die Arbeitssklaven an den *Auszug* aus Ägypten, an die Befreiung vom Frondienst im Pharaonenland erinnerte, das Laubhüttenfest als Fest des *Einzugs* an die Spitze der israelitischen Feste setzte: des Einzugs der Winzer in die in den Weinbergen errichteten, mit Weinlaub bedeckten Hütten während der Lese, des Einzugs des Volkes in sein Land, des Einzugs seines Gottes in sein Haus. Während des Laubhüttenfestes im Herbst ließ der König die Bundeslade aus der alten Davidstadt im Kidrontal in den neuen, auf der Anhöhe über dem Tal erbauten Tempel überführen und das "Haus Gottes" in einer feierlichen Zeremonie vor dem aus dem ganzen Land herbeigerufenen, jubelnden Volk einweihen.

Zu den kostbaren Kultgegenständen des Heiligtums gehörten übrigens — Moses Bilderverbot zum Trotz — auch Kunstwerke der bildenden Kunst, wie das Eherne Meer im Tempelvorhof, ein Bronzebecken für rituelle Waschungen, das auf zwölf bronzenen Stieren stand, den alten Fruchtbarkeitssymbolen Ägyptens.

Er war ein König nach ägyptischem Muster, der Prunk und Pracht und höfische Repräsentation liebte. Auch die besondere Ehre, die Salomo der Königinmutter erwies — Batseba hatte einen eigenen Thron zur Rechten des Königs —, mahnt an ägyptische Vorbilder. Wie die Ägypter kaufte er Zedernholz in Phönizien und Edelsteine und Gewürze in Afrika. Aus Ägypten bezog er vor allem seine Reit- und Streitrosse, die den israelitischen Steuerzahler mehr kosteten als der mit exotischen Frauen reichbestückte königliche Harem.

Von diesen Frauen sagt der biblische Chronist, daß sie den König verführten, anderen Göttern zu dienen, daß er ihnen zuliebe die Altäre für die Astarte, den Moloch und die anderen Götzen bauen ließ. Sind hier wirklich die Frauen schuld? Bildete nicht umgekehrt Salomos Weltoffenheit, seine Sympathie für fremde Völker, Kulturen und Riten, die Voraussetzung für seine Schwäche für die fremdblütigen Frauen?

Er glich dem ägyptischen Echnaton, wenn auch mit umgekehrten Vorzeichen. Entfremdete sich Amenophis IV. mit seinem fanatischen Glauben an den einen und einzigen Gott, den Aton, seinem in polytheistischen Traditionen verwurzelten Volk, so stellte sich Salomo mit seinen philosophisch-synkretistischen Neigungen in einen unüberwindlichen Gegensatz zum Glauben seiner Untertanen. Beide aber kümmerten sich wenig um das Wohl und Wehe ihrer Völker und stürzten ihr Land letztlich ins Verderben. Salomo verlor große Gebiete im Kampf, andere verkaufte er an das zedernreiche Phönizien, und als er starb, brach das Reich Davids vollends auseinander: Die Nordstämme erhoben sich gegen Jerusalem, krönten Jerob'am, einen intelligenten jungen Mann, der sich als selbständig denkender Bauarbeiter in der Hauptstadt einen Namen gemacht hatte, zum König und proklamierten den unabhängigen Staat Israel. Der Rest, ein Rumpfstaat mit einer viel zu großen Hauptstadt, fiel als Königreich Juda an Salomos Sohn.

Zwischen Priestern und Propheten

Zwei Säulen trugen den Glauben Israels in der Zeit der Könige: die Priesterschaft, die sich des Rituals und der Kodifizierung der Kultgesetze annahm, und die Prophetie, die sich — auch auf Kosten des Rituals — dem Kampf um soziale Gerechtigkeit, um menschliche Ethik verschrieb.

Salomo hatte eine gefügige Priesterschaft in Jerusalem, dessen Tempel die Stammesheiligtümer im Lande in den Schatten stellte. Die Propheten aber übten Kritik an der Politik und am Regierungsstil des Königs. Salomo, der — im Gegensatz zu seinem Vater David — keine Kritik vertragen konnte, verfolgte die Propheten; er versuchte die Prophetie, die er sich nicht dienstbar machen konnte, zu zerschlagen.

Die Propheten rächten sich. Sie prophezeiten, daß der Herr den Tempel in einen Trümmerhaufen verwandeln werde. Sie schürten den Aufstand der Nordstämme gegen Jerusalem. Der Prophet Achia, der sich mit den separatistischen Kräften in Israel verband und den Bauarbeiter Jerob'am aus Ephraim zum König über die unzufriedenen Stämme kürte, war der geistige Vater des Aufstands. Ohne die Unterstützung der Propheten wäre die Erhebung vermutlich gescheitert.

Hier taucht der Name des ägyptischen Königs Schischak oder — ägyptisch geschrieben — Schoschenk I. auf, der von 950 bis 929 v.Chr. regierte. Von ihm berichten sowohl biblische als auch ägyptische Quellen.

Die Bibel erzählt, daß sich Jerob'am dem Zugriff Salomos

durch die Flucht nach Ägypten entzog und bei Schischak bis zum Tode seines Verfolgers Asyl fand. Fünf Jahre nach Salomos Tod aber fiel der Pharao in den Rumpfstaat Juda ein, besetzte Jerusalem und raubte die kostbaren Schätze, die Salomo in seinem Palast und im Tempel angesammelt hatte. Nach diesem Raubzug, der für das Land und seine Hauptstadt glimpflich endete, ließ Schischak im Tempel von Karnak in Oberägypten eine Torhalle bauen, an deren Wänden noch heute die Namen der von ihm ausgeplünderten Städte zu lesen sind.

Sehr unterschiedlich war die Einstellung der Priester und der Propheten Israels zu Ägypten. Die Propheten bis hin zu Jesaja und Jeremia beschworen immer wieder die Erinnerung an das Sklavenhaus und warnten vor ägyptischen Zuständen im eigenen Land und vor einem Bündnis mit dem großen Nachbarn.

Die Priester plädierten hingegen meist für eine Bündnispolitik mit Ägypten gegen die asiatische, die aggressivere und gefährliche Großmacht, gegen das Assyrien des 9. bis 7. und das Babylonien des 6. Jahrhunderts. In der Sprache der Priester waren die Vorväter, die Mose aus dem Pharaonenreich geführt hatte, nicht die Sklaven, sondern die Gäste der Ägypter! So steht im Deuteronomium 23,3: "Kein Ammoniter oder Moabiter darf in die Gemeinde des Herrn eintreten...; den Ägypter aber sollst du nicht verabscheuen, denn du bist in seinem Lande Gast gewesen. Nachkommen, die ihnen im dritten Geschlecht geboren werden, dürfen in die Gemeinde des Herrn eintreten."

Die scharfe Abgrenzung von den Ammonitern und Moabitern hatte ihren Grund darin, daß von den nahen Nachbarn jenseits des Jordan ein starker Einfluß auf die eigene Religion zu erwarten war. Die Gefahr der Aneignung ihrer Kulte und Riten war jedenfalls größer als die Gefahr, die von dem fernen, exotischeren, der israelitischen Lebensart viel weniger ähnlichen Ägypten ausging.

In der ersten Hälfte des ersten vorchristlichen Jahrtausends spitzte sich der Machtkampf zwischen den Großmächten des Nahen Ostens zu und drängte auf eine Entscheidung.
Im Jahre 722 eroberten die Assyrer das Königreich Israel. Anders als ihre Brüder in Juda, das im Einflußbereich Ägyptens lag, gingen die Nordstämme Israels in den Fluten des assyrischen Ansturms unter.
Im Jahre 701 belagerten sie Jerusalem. Dort lebte in jenen Tagen der Prophet Jesaja. Dieser Prophet, ein Mann mit ungewöhnlichem politischem Weitblick, galt in seiner Vaterstadt mehr als die Könige, bei denen er ein- und ausging. Er erwirkte beim König den Aufschub der unvermeidlich erscheinenden Übergabe der wie eine Insel von feindlichen Heeren umschlossenen Stadt. Und wie durch ein Wunder blieb sie verschont. Eine Meuterei oder eine Seuche im assyrischen Lager zwang den Feind zum Abzug der Truppen.
Im Jahre 681 marschierten die Assyrer, ohne Jerusalem anzugreifen, in Ägypten ein, das in jener Zeit von der äthiopischen oder kuschitischen Dynastie — in der ägyptischen und in der hebräischen Sprache hieß das nubische Land am oberen Nil "Kusch" — regiert wurde. Die Eroberer aus Asien stießen bis Theben vor und hielten Teile des Nillandes einige Jahrzehnte besetzt.
Im Jahre 610, in der Epoche der Saïten, die die Assyrer und die Äthiopier aus Ägypten vertrieben und dem Land eine neue Blütezeit in politischer, wirtschaftlicher und künstlerischer Hinsicht schenkten, holte Ägypten zum Gegenschlag in Richtung Asien aus. Der Pharao Necho wagte eine Invasion in die dem Zweistromland vorgelagerten Länder. Der wegen seiner Kultreform in Jerusalem bekannte König Josia von Juda

11 Die Klagemauer in Jerusalem (Archiv der Botschaft des Staates Israel, Bonn)

12 Im Tempel des Amûn in Karnak; in vielen Jahrhunderten erbaut, ca. 2000 bis 300 v. Chr. (Foto Brigitte Riemann)

versuchte, ihm bei Megiddo im nördlichen Israel den Weg zu versperren, aber er fiel in der Schlacht. Necho, zum Herrn über Juda und Syrien geworden, setzte in Jerusalem den ihm ergebenen Jojakim, den Sohn Josias, als König ein. Sein Land wurde zum tributpflichtigen Vasallen Ägyptens.

Im Jahre 605 stießen die Truppen Nechos nach Mesopotamien vor, wo die Babylonier ein neues Reich gegründet hatten, das sich auch das Land der Assyrer einverleibte. In Karkemisch am Euphrat kam es zur Entscheidungsschlacht. Der babylonische König Nebukadnezar besiegte die Ägypter und machte ihren asiatischen Expeditionen ein Ende. König Necho mußte sich nach Ägypten zurückziehen.

Im Jahre 587 griff Nebukadnezar auch Jerusalem an, als dessen letzter König Zidkia trotz der Warnungen des Propheten Jeremia ein Bündnis mit Ägypten schloß und die Tributzahlungen an den babylonischen König einstellte. Jerusalem wurde nach schweren Kämpfen von den Babyloniern erobert, verwüstet und dem Erdboden gleichgemacht, der Tempel mit der Bundeslade wurde zerstört und die Bevölkerung nach Babylon verschleppt. Die Unabhängigkeit des ersten jüdischen Staates hatte ihr Ende gefunden.

Angesichts der kriegerischen Auseinandersetzungen jener Jahrhunderte drängen sich einige Überlegungen über die Beziehungen zwischen den Großmächten am Nil und am Euphrat und dem kleinen, zwischen den beiden Flußreichen gelegenen Israel auf:

1. In der Geschichte Ägyptens flutet seit frühester Zeit ein Strom von wechselnden Kräften und Einflüssen zwischen Asien und Afrika hin und her. Die ersten Wellen aus Asien vermittelten der ägyptischen Sprache bereits in vorgeschichtlicher Zeit jene semitischen Züge, die sie oft an die Sprache der Bibel anklingen läßt. Kaum aber war aus der Vermischung der

vorderasiatischen Einflüsse mit dem afrikanisch-ägyptischen Grundbestand die geschichtliche Kultur des Nillandes entstanden, als die Pharaonen schon erfolgreiche Vorstöße gegen die Sinai-Halbinsel und die asiatischen Gebiete im Norden Ägyptens unternahmen. Aus allen asiatischen Expeditionen ging Ägypten jedoch geschwächt hervor. Mit den Tributen, der Beute, dem erzwungenen Handel, den Gefangenen, die Ägypten gewann, drangen auch asiatische Kulte, Sitten und Worter ein.

Georges Posener, der Herausgeber des "Lexikons der ägyptischen Kultur", schreibt zu diesem Thema:

"Die ganze ägyptische Geschichte ist eine ununterbrochene Folge von Ebbe und Flut zwischen Asien und Afrika... Im ganzen gesehen haben sich die Wesensunterschiede zwischen Asien und Afrika stets zuungunsten Ägyptens ausgewirkt. Der ägyptische Fellache hat sich niemals außerhalb seines Landes angesiedelt, Ägypten aber hat zu jeder Zeit Bewohner weniger fruchtbarer Gegenden angezogen. Die Ägypter haben Eroberungen gemacht, um zu nehmen, die Asiaten, um sich niederzulassen. Genau betrachtet erweist es sich, daß im Konflikt der Kontinente das passive Afrika nicht die Kraft hatte, der Dynamik Asiens standzuhalten."

2. Bei einem Vergleich der Ägypter mit den Assyrern und Babyloniern im Hinblick auf Großzügigkeit und Toleranz gegen die von ihnen besiegten Völker ist ein Gefälle zugunsten Ägyptens festzustellen. Das wirkte sich nicht zuletzt auf das kleine, von den beiden Großmächten bedrohte Israel aus. Die Ägypter waren toleranter — auch im Hinblick auf die Religion der Besiegten —, menschlicher, weniger grausam als die Assyrer, die Israels Nordstämme ausrotteten, und die Babylonier, die einen großen Teil der jüdischen Bevölkerung außer Landes trieben. Die ägyptische Toleranz veranlaßte nach der

Eroberung Jerusalems durch Nebukadnezar viele Juden, die in dem verwüsteten, von Unruhen und babylonischen Strafaktionen heimgesuchten Land zurückgeblieben waren, in das gastliche Nilland zu flüchten. Zu diesen Flüchtlingen gehörte auch der hochbetagte Prophet Jeremia.

3. Es ist bemerkenswert, was Jesaja, der erste der beiden großen Dichter-Propheten Israels, zum Verhältnis zwischen Assyrien, Ägypten und Israel zu sagen hatte. Nach einer Betrachtung über die unruhige Zeit, in der er selbst lebte, schaut er mit hoffnungsvollem Blick in die Zukunft und sagt:

"An jenem Tage wird eine Straße von Ägypten nach Assyrien führen, der Assyrer wird nach Ägypten kommen und der Ägypter nach Assyrien... An jenem Tag wird Israel der Dritte im Bunde sein neben Ägypten und Assyrien, ein Segen inmitten der Erde, die der Herr der Heerscharen segnet, indem er spricht: Gesegnet ist Ägypten, mein Volk, und Assyrien, das Werk meiner Hände, und Israel, mein Erbbesitz!"

In diesen Visionen, in denen nicht nur Israel, sondern auch die anderen Nationen, auch die Feinde Israels, von dem einen und einzigen Gott gesegnet werden, hat der jüdische Monotheismus seine höchsten Höhen erreicht.

Unter babylonischer und persischer Herrschaft

Es ist eigenartig: Das Babylonische Exil, das nach der Zerstörung Jerusalems und des Tempels begann, ist in der jüdischen Tradition nie mit dem "Sklavenhaus Ägypten" verglichen worden. Weinten die Juden nicht auch an den Strömen Babylons? Spotteten ihrer nicht auch dort ihre Peiniger?

Aber sie weinten — so steht es im Psalm —, wenn sie an Zion dachten. Ihr Glaube, ihre Hoffnung hatten ein Ziel, das ihnen in Ägypten gefehlt hatte, wo sie nichts außer ihrem gegenwärtigen Zustand kannten. Durch diesen ebenso rückwärts- wie vorwärtsgewandten Glauben und durch das Wirken der Propheten, die ihn zum Sieg führten, verlor Israel im Babylonischen Exil nicht seine Identität als Volks- und Religionsgemeinschaft. Andere Völker verschwanden aus der Geschichte, wenn sie ihr Land — und damit auch ihre landbezogenen, schützenden Götter — verloren. Israel überlebte trotz des Verlustes seines Landes, seiner Kultstätten und Heiligtümer.

An die Stelle des Priesters trat in der Diaspora der Rabbi, der Seelsorger der jüdischen Gemeinde, an die Stelle des Opferrituals im Tempel das Gebet in der Gemeinde und die Solidarität der Gemeindemitglieder. Als Gemeindereligion schloß sich das Judentum von der Umwelt weitgehend ab.

Man ging mehr nach innen, suchte weniger die Auseinandersetzung mit dem Staat und der Kultur, von der man umgeben war, als zu Moses Zeiten. Schon in der Richter- und Königszeit im eigenen Staat hatte Israel von einem Teil der radikalen Positionen, die Mose eingenommen hatte, Abstriche gemacht. Die Freiheit war, kaum war man im Lande seßhaft geworden, eingeschränkt worden. Der Tempel und einzelne Bildwerke waren entstanden. Natürlich konnte die Religion auch nicht völlig der Magie entsagen. Hier sei nur an den Kult des Begießens des Altars mit Wasser erinnert, mit dem man die Gottheit auf magische Weise zu bewegen suchte, den lebensnotwendigen Regen zu spenden. In der Zeit des Babylonischen Exils scheint auch der Glaube an die Auferstehung der Toten in die Lebensreligion Israels aufgenommen worden zu sein. Bei aller Diesseitsfreudigkeit ließ sich in den Schreckensjahren der großen Kriege die Frage nach dem, was der einzelne nach seinem Tod zu erwarten hatte, nicht mehr zurückdrängen. Ezechiel, der Prophet des Exils, spricht zum

ersten Mal von der fleischlichen Auferstehung der Toten seines Volks. Nach langen Auseinandersetzungen wurde der Gedanke von den Hütern des Glaubens sanktioniert.
Daß das Babylonische Exil nicht mit dem Frondienst in Ägypten verglichen wird, ist auch mit der erheblich kürzeren Dauer des Aufenthalts Israels in Babel zu erklären. 538 v.Chr. eroberte der Perserkönig Cyrus das Babylonische Reich. Noch im selben Jahr erließ er ein Edikt, in dem er das Recht der Juden auf die Rückkehr nach Zion, auf die Wiederherstellung ihrer territorialen Integrität und auf den Wiederaufbau des Tempels erklärte. Er versprach, die Rückwanderung der Juden in ihre alte Heimat zu fördern, den Bau des Tempels mit Mitteln aus der Staatskasse zu finanzieren und die heiligen Gefäße, die Nebukadnezar aus Jerusalem geraubt hatte, zurückzugeben. Fünfzig Jahre nach dem Gang in die Diaspora begann die Rückkehr der Exilierten und der Wiederaufbau Jerusalems. Im Jahre 515 wurde der neue Tempel eingeweiht.
Zehn Jahre vorher war der Perserkönig Kambyses in Ägypten einmarschiert und hatte das Land der Pharaonen erobert und dem persischen Weltreich einverleibt. So hat auch Ägypten im 6. Jahrhundert v.Chr. seine nationale Unabhängigkeit auf lange Zeit verloren.
Natürlich war die Haltung der Juden und der Ägypter zu den Persern, in deren Reich sie nun vereint waren, sehr verschieden. Die Juden sahen in ihnen ihre Befreier vom babylonischen Joch, die Initiatoren ihrer Heimkehr nach Zion. Sie rühmten ihre Großmut, Humanität und Toleranz, durch die sich die persischen Großkönige in der Tat von den Herrschern der anderen vorderasiatischen Mächte unterschieden. Es gab Juden, die in Cyrus den Messias sahen; andere, wie Daniel, der als träumender und Träume deutender Ratgeber des Königs ein ferner Nachfahr des ägyptischen Josef zu sein scheint,

und Mordechai, der aus dem Ester-Buch bekannt ist, dienten den persischen Monarchen in hohen Positionen. Die Ägypter hingegen sahen in den Persern fremde Eindringlinge, Eroberer, die sie haßten, obwohl der Druck, den die "Barbaren" auf ihr Land ausübten, erträglicher war als die Last, die viele Pharaonen ihnen aufgebürdet hatten. In den Augen der meisten Ägypter spielte es auch keine Rolle, daß hervorragende ägyptische Künstler und Ärzte hohe Stellungen am Hof des Großkonigs bekleideten. Ein charakteristischer Gegensatz zu den weltoffeneren Juden.

Ägyptischer Hellenismus

Im 4. vorchristlichen Jahrhundert begann Europa sich erobernd im Nahen Osten einzumischen. Alexander der Große fiel mit seinen mazedonisch-griechischen Truppen in das Perserreich ein und zerschlug es in wenigen Jahren.

Im Jahre 332 eroberte er Ägypten. Er gründete die Stadt Alexandria, die sich in kürzester Zeit zu Ägyptens bedeutendstem Hafen und zur neuen Hauptstadt des Landes entwickelte. Er ließ sich im Ptah-Tempel in der alten Hauptstadt Memphis zum König von Ägypten krönen. Er besuchte das Orakel des Amûn in der Oase von Siwa, und der ägyptische Reichsgott erkannte den jungen König als seinen Sohn an und versprach ihm die Herrschaft über die Welt. Mit dieser Zeremonie, mit der er an die Traditionen der Pharaonen anknüpfte, verschaffte sich Alexander die Legitimation für die Gründung seines gewaltigen Reichs.

Alexanders Reich zerfiel nach seinem frühen Tode. In Ägypten nahm sein General Ptolemaios, ein Mazedonier wie Alexander, im Jahre 304 den Königstitel an. Er schuf ein neues ägyptisches Großreich, zu dem auch das Land der Juden gehörte. Er war der erste einer Reihe von fünfzehn Herrschern mit dem Namen Ptolemaios, die auf dem Pharaonenthron saßen.

Die Zeit der Ptolemäer ist die Blütezeit des ägyptischen Hellenismus. In einem neuen Synkretismus vermählte sich die alte ägyptische Kultur des Landes mit der griechischen Kultur der neuen Herren. Die Tempel, die sie bauen ließen, waren ägyptische Tempel, die Formen, die sie entwickelten, waren ägyptische Formen, die Bilder, mit denen sie die Tempel schmückten, ägyptische Bilder, die Schriftzeichen, die die Bilder kommentierten, Hieroglyphen. Nirgendwo war der Hellenismus so fruchtbar, so aufgeschlossen zum Gespräch mit den einheimischen Kulturen wie in Ägypten.

Der ptolemäische Hellenismus öffnete sich auch dem Gespräch mit dem Judentum, das sich in jener Zeit schon mehr als Religion, als eine weltoffene, auch Andersgläubigen offene Religion, denn als Nation verstand. Auch hier kam es zu regen geistigen Befruchtungen sowohl in Palästina als auch in Ägypten selbst. Die Ptolemäer tolerierten nicht nur Religion, Geist und Kultur des Judentums, sie förderten auch den geistigen Austausch zwischen Alexandria und Jerusalem. Sowohl Judäa als auch die jüdischen Gemeinden in Ägypten genossen eine weitreichende geistige und kultische Freiheit und Unabhängigkeit.

Die älteste jüdische Gemeinde in Ägypten, Elephantine, gegenüber von Assuan im Nil gelegen, eine Garnisonstadt, in der es schon im 5. Jahrhundert v.Chr. einen eigenen jüdischen Tempel gab, stammte noch aus der Perserzeit. Die größte jüdische Gemeinde aber entstand in Alexandria; sie entwickelte sich in kurzer Zeit zum bedeutendsten Zentrum des Judentums in der Diaspora.

In Alexandria begann die Ausbreitung der Hebräischen Bibel über die Welt. Um 250 v.Chr. berief der König Ptolemaios II. Philadelphos, der übrigens nach ägyptischem Hofzeremoniell mit seiner Schwester verheiratet war, 72 jüdische Gelehrte aus Jerusalem nach Alexandria und gab ihnen den Auftrag, das Alte Testament ins Griechische zu übersetzen. Die Initiative zu dieser ersten Übertragung des hebräischen Urtextes ging von der jüdischen Gemeinde in Alexandria aus, die sich um die Erziehung ihrer Kinder — sie sprachen Griechisch und waren des Hebräischen nicht mehr mächtig — im Geist der jüdischen Tradition sorgte. Nach der Überlieferung waren die Übersetzungen der 72 Männer, die in 72 hermetisch abgeschlossenen Räumen arbeiteten, vollkommen identisch.
In jener Zeit, in der griechischer Geist, griechische Kunst, griechische Philosophie die Länder des Nahen und Mittleren Ostens durchdrangen, war die "Septuaginta von Alexandria", die der Welt jüdisches Denken, Glauben und Wissen zugänglich machte, wie ein Hauch, der — wie die "Stimme der Stille", von der der Prophet Elija in der Bibel spricht — aus der entgegengesetzten Richtung kam.

Der andere Hellenismus

Im Jahre 198 v.Chr. gelang es den Seleukiden, deren im Norden und Osten von Judäa gelegenes Reich von Alexanders General Seleukos gegründet worden war, die ägyptischen Ptolemäer aus allen Gebieten in Asien zu vertreiben. Unter ihrer Herrschaft lernten die Juden einen anderen, einen weniger toleranten Hellenismus kennen. Nach einer ruhigen Phase zu Beginn der Seleukidenzeit wurde das Gespräch zwischen dem Judentum und dem Hellenismus gewaltsam unterbrochen.

Die Auseinandersetzungen eskalierten, als der Seleukidenkönig Antiochus IV. Epiphanes, der seinen Provinzen nicht nur griechische Lebensformen, sondern auch den griechischen Götterkult aufzuzwingen suchte, im Jahre 169 v.Chr. in den Tempel in Jerusalem eindrang und den Tempelschatz plünderte. Als er die Juden zwang, auf dem westlich vom Tempelberg gelegenen Hügel eine hellenistische Zwingburg zu bauen, als der syrische Gouverneur die jüdischen Fronarbeiter auch und gerade am Sabbat zur Arbeit nötigte, begannen die gläubigen Juden Widerstand zu leisten. Sie widersetzten sich der von oben verordneten zwangsweisen Hellenisierung.
Da verbot Antiochus die Einhaltung der jüdischen Bräuche und Gesetze. Wer die Beschneidung durchführte oder den Sabbat beging, hatte mit der Todesstrafe zu rechnen. Am schlimmsten in den Augen der Juden aber war die Schändung des Tempels. Griechische Soldaten drangen ins Allerheiligste ein, opferten Schweinefleisch auf dem Altar, zerrissen die Bücher des Gesetzes und stellten in den leeren Raum, in dem zur Zeit des salomonischen Tempels die Bundeslade gestanden hatte, ein Bild des Zeus auf.
Damals erinnerten sich viele Juden im Seleukidenreich des ägyptischen Hellenismus der Ptolemäer, der, verglichen mit dem brutalen asiatischen Hellenismus, ein Hellenismus mit menschlichem Antlitz war, und flüchteten ins Nilland.
Eine kleine Gruppe, die sich um Judas Makkabäus scharte, einen mutigen jungen Mann, der die Leute zu begeistern verstand, wagte den Aufstand gegen die Zwangsherrschaft. Die Guerillatruppen des Judas Makkabäus nahmen den Kampf mit der Armee des Antiochus auf und zermürbten sie in überfallartigen Scharmützeln. Nach einigen spektakulären Siegen gelang es den Aufständischen, Jerusalem einzunehmen. Der Tempel wurde in einer feierlichen Zeremonie von den Spuren

des Götzendienstes gereinigt und neu geweiht. In kurzer Zeit eroberten die von Judas Makkabäus geführten Freiheitskämpfer weite Teile des biblischen Landes.
So entstand, begünstigt vom Niedergang des Seleukidenstaates, ein unabhängiges jüdisches Reich, das auf dem Höhepunkt seiner Macht nahezu das ganze Gebiet des davidischen Reiches umfaßte. Dieses Reich wurde von der Dynastie der Hasmonäer — benannt nach Judas Makkabäus' Ahnherr Hasmon — regiert, die, da sie nicht aus dem Hause des Königs David stammten, sich anfangs mit den Ämtern des Hohenpriesters, Oberbefehlshabers und Präsidenten auf Lebenszeit begnügten. Erst in der dritten Generation nahmen die Hasmonäerfürsten die Königswürde an.
Die Situation war derjenigen, die Davids Reichsgründung begünstigt hatte, nicht unähnlich. Die Großmächte im Osten und Westen Israels waren durch dynastische Bruderkämpfe und Aufstände geschwächt. Das Seleukidenreich zerfiel gegen Ende des 2. vorchristlichen Jahrhunderts in eine Reihe von autonomen Stadtstaaten, die sich nach dem Muster einer griechischen Polis entwickelten. Und mit dem Reich der Ptolemäer in Ägypten, das, wenngleich von Erbstreitigkeiten erschüttert, bis zum Tode der Königin Kleopatra (30 v.Chr.) überlebte, pflegten die Hasmonäer gutnachbarliche Beziehungen. Dabei kam ihnen der Einfluß, den die Juden Ägyptens damals auf die Ptolemäer in Alexandrien ausübten, zugute.
Die jüdische Religion, der jüdische Glaube, der im Makkabäeraufstand dem Hellenismus getrotzt hatte, befand sich in jener Zeit auf dem Vormarsch. Die Bewohner der eroberten Gebiete in Idumäa und Galiläa wurden von den Hasmonäern zum jüdischen Glauben bekehrt. Die jüdische Religion öffnete sich den außerhalb des Judentums stehenden Menschen, sie wurde zu einer wirklichen Weltreligion, die viele Heiden an-

zog. Der Tempel in Jerusalem wurde zum geistigen Mittelpunkt einer den ganzen Mittelmeerraum umspannenden Bewegung.

Das Trauma des seleukidischen Hellenismus aber wirkte noch lange im jüdischen Volk nach. In der Sprache der geistigen Führer Israels — nicht der Priester, die eher zum Hellenismus tendierten, die auch griechische Namen hatten — wurde Hellenismus zum Synonym für Sünde, Greuel, Perversion. Sie setzten sich von allem, was griechisch war, ab: vom griechischen Vielgötterritual und von der griechischen Kunst, von der griechischen Erotik und von den griechischen Spielen mit ihrem Körperkult. Zur Zeit Jesu gab es griechische, von Griechen bewohnte Städte im Lande Judäa, die ein gläubiger Jude nicht betrat.

Hatte das Judentum in den Tagen des Exodus aus dem Nilland seine Identiät in der Auseinandersetzung mit der ägyptischen Gegenwelt gefunden, um die Zeitenwende fand es sie in der Auseinandersetzung mit dem Hellenismus.

Die Römer

In der Zeit um Christi Geburt wurden sowohl Ägypten als auch Judäa dem römischen Reich einverleibt.

Die ptolemäische Herrschaft über das Nilland endete mit dem Selbstmord der großen Königin Kleopatra, der Verführerin des Caesar, der Gattin des römischen Feldherrn Antonius, als dieser von Octavianus Augustus besiegt wurde. Auf dessen Befehl wurde der letzte Ptolemäer, Ptolemaios XV. Caesarion, der Sohn Caesars und Kleopatras, getötet. An die Stelle des Königs trat nun der römische Präfekt, der im Namen des Kaisers die Kornkammer Ägypten ausbeutete.

Die Unabhängigkeit Judäas erlosch nach dem Tode des Herodes, der zwar von den Römern zum König über die Juden eingesetzt worden war, der aber in Jerusalem wie ein absoluter Souverän regierte. Als in Judäa Aufstände gegen die Söhne des Herodes ausbrachen, wandelte Augustus das Land der Juden in eine römische Kolonie um.

Während die Ägypter die vierhundertjährige römische Herrschaft, die dem alten Reich keinerlei Reverenz erwies und auf das besiegte Volk keine Rücksicht nahm, mit stoischer Ruhe ertrugen, reagierten die Juden mit Revolten und immer wieder aufflackerndem Widerstand. Ihre Aufstände wuchsen sich zu großen Kriegen mit der Weltmacht Rom aus, die schließlich zur Zerstörung des Tempels durch Titus (70 n.Chr.) und zur totalen Vertreibung der Juden aus Jerusalem durch Hadrian (135 n.Chr.) führten.

Schon am Anfang ihrer Herrschaft hatten die Römer den Sitz der Verwaltung von Jerusalem nach Caesarea am Mittelmeer verlegt. Die neue, von Herodes gegründete Hafenstadt erlebte einen ungewöhnlichen Aufschwung, der an Alexandrias Aufstieg zur ersten Stadt Ägyptens erinnert. Sie machte in kurzer Zeit der alten Hauptstadt im Landesinnern den Rang streitig. Sie überflügelte Jerusalem.

Die beiden Mittelmeerstädte waren Fenster, die die europäischen Eroberer in die Mauern der alten Kulturen Ägyptens und Israels brachen. Die beiden Völker aber reagierten auf die gewaltsame Öffnung ihrer Länder nach Norden mit einer Rückbesinnung auf die eigenen Werte und Traditionen, mit einem Rückzug nach innen.

Jerusalem starb nicht — wie Memphis, die alte Hauptstadt Ägyptens. Der Davidstadt war es vorbehalten, gleichzeitig von drei Religionen als heilige Stadt verehrt zu werden, ein einmaliges Phänomen in der Geschichte. Zu allen Zeiten hatten die siegreichen Religionen ihre Heiligtümer über denen der von ihnen besiegten Kulturen errichtet. Der neue Kult wuchs aus den Trümmern des alten. In Jerusalem hingegen vermochten die neuen Religionen die älteren, auf denen sie fußten, nicht zu vernichten oder zu verdrängen. Sie waren dazu verurteilt, nebeneinander und miteinander zu leben, statt übereinander — wie die Schichten der archäologischen Grabhügel uralter Städte.

Jesus von Nazaret

In den Tagen der römischen Prokuratoren lebte Jesus von Nazaret im Lande Judäa.
Er war in Betlehem geboren wie einst David, dessen Reich der von den Juden in jener Zeit der Fremdherrschaft mit besonderer Inbrunst erwartete Messias nach der jüdischen Tradition wieder aufrichten sollte.
Nach seiner Geburt flüchtete die Familie mit dem Kind nach dem Bericht des Mattäus nach Ägypten.
Warum führte Josef den jungen Jesus nach Ägypten? Warum floh die Familie nicht in ein nähergelegenes Land?
Jesu Kindheitsgeschichte verläuft in den Spuren Moses. Wie in der Zeit von Moses Geburt wurden um Jesu willen alle Knaben seiner Gemeinde von einem grausamen Herrscher getötet, der das Reich des Bösen, das Gegenreich des Messias, verkörpert. Wie der kleine Mose entging der junge Jesus dem Anschlag des Königs, wurde er von einer Frau mit dem Namen Mirjam gerettet. Wie Mose erlebte auch Jesus seinen Exodus, seinen Auszug aus Ägypten.
Es geht auch hier um höhere Legitimation. Jesus ging in Moses Spuren, "damit erfüllt werde, was der Herr durch den Pro-

13 Die Flucht nach Ägypten (Aquarell von Gerhard Henschel)

pheten gesagt hat: Aus Ägypten rief ich meinen Sohn."
Die Erfüllung der alttestamentlichen Botschaft, von der das Neue Testament spricht, beinhaltet aber auch die Erfüllung des alten Wortes mit einem neuen Sinn. Das prophetische Wort wird neu interpretiert. Das Wort des Propheten Hosea, der mit dem von Gott aus Ägypten gerufenen Sohn das Volk Israel meint, wird im Evangelium auf den einzelnen Menschen bezogen, auf den Menschen, der stellvertretend für alle leidet und stirbt.
Hat Mose das Volk aus Ägypten befreit, so liegt Jesus die Erlösung des einzelnen Menschen, auch des Außenseiters und Sünders, am Herzen. Hat die jüdische Religion in der Zeit des Exodus das Volk und zu Beginn der Diaspora die Gemeinde als tragendes Kollektiv angesprochen, so wendet sich Jesus an das einzelne und einsame Du. Und die von ihm Angesprochenen verwandelten das alte Fest des Auszugs des Volkes aus Ägypten in das Fest der Auferstehung — der Auferstehung und Apotheose Jesu zum Zeichen der Überwindung von Leid und Tod für jeden einzelnen.
Sie machten aus dem jüdischen Wochenfest, das sieben Wochen nach dem Pessach zur Erinnerung an die Offenbarung am Sinai vor dem einen auserwählten Volk gefeiert wird, das Pfingstfest, an dem sich der heilige Geist in vielen Zungen und vor den Angehörigen vieler Völker und Kulturen offenbarte: vor Ägyptern, Juden, Persern, Römern, Arabern und vielen anderen.
Die Apostel verknüpften jüdische und griechische Werte und Ideen. Sie verbanden jüdischen Glauben und jüdische Ethik mit griechischem Denken und griechischem Logos. Sie brachten den Völkern des Mittelmeerraums, auch den Ägyptern, das Judentum in griechischem Gewand. Beide Quellen, die jüdisch-biblische und die griechische, flossen im frühen Christentum zusammen.

Die Anfänge dieses Zusammenflusses lagen indes in Ägypten. In Alexandria lebte in den Tagen Jesu ein jüdischer Philosoph, der eine Brücke zwischen der jüdischen Religion und der griechischen Philosophie zu schlagen suchte. Er hieß Philon von Alexandria.

Philon war bemüht, seinen hellenistischen Zeitgenossen die Kenntnis des Judentums in griechischer Sprache zu vermitteln. In seinen religionsphilosophischen Schriften suchte er zu beweisen, daß sich die Offenbarungen des biblischen Judentums mit den Erkenntnissen der griechischen Philosophen vereinbaren lassen. Es war der erste Versuch, die Kluft zwischen den beiden radikal verschiedenen Ansprüchen auf die Wahrheit — aus der Offenbarung und aus der Vernunft — zu schließen.

Den Theologen des christlichen Mittelalters galt Philon von Alexandria als Vorläufer und Vorbereiter des christlichen Glaubens. Daß er im synkretistischen Ägypten, in dem der Dialog zwischen Hellenismus und Judentum begann, beheimatet war, ist gewiß kein Zufall.

Kopten und Juden

Nach der Tradition brachte der Apostel Markus, aus Judäa kommend, den Ägyptern das Christentum. Die ägyptischen Christen behaupten mit Stolz, Mitglieder der ältesten christlichen Gemeinde außerhalb der urchristlichen Gemeinschaften in und um Jerusalem zu sein.

Dem Christentum erging es in Ägypten ähnlich wie dem Hellenismus: Es wurde verwandelt, mit altägyptischen Elementen durchsetzt, ägyptisiert. Die Kopten — wie man die ägyptischen Christen nach der arabischen Form des griechischen

"Aigyptos" nennt — hielten an ihren aus dem Altägyptischen stammenden Volksdialekten und an einigen der alten Rituale fest. Sie zelebrieren noch heute ein höchst unchristliches Totenritual, zu dem nach uraltem Brauch Klageweiber gehören, die ohne innere Teilnahme fürchterliche Schreie ausstoßen.

Aus griechischen und altägyptischen Buchstaben entwickelten die Kopten eine eigene Schrift; sie schufen eine eigenständige Literatur, eine eigene Kunst, die sich der uralten heimatlichen Motive wie Lotosblumen, Papyrusstauden, Nilvögel und Fische bediente, und eine eigene Theologie, die sich immer mehr von den tonangebenden Strömungen des Christentums entfernte.

Die Beziehungen der Kopten zum Judentum sind mannigfaltig. Die ersten Christen in Ägypten waren Juden, die der großen jüdischen Gemeinde in Alexandria oder den alten Gemeinden Oberägyptens angehörten. Für sie war der Sprung zu dem neuen Glauben, der sich erst allmählich von der jüdischen Wurzel zu lösen begann, weniger gravierend als für die, die an viele Götter glaubten. Die ersten koptischen Schriften waren Übersetzungen der Hebräischen Bibel, des Alten Testaments, ähnlich der Septuaginta von jüdischen Rabbinern, die des Hebräischen und des Koptischen mächtig waren, angefertigt. Die Übertragung der Evangelien folgte erst erheblich später.

Die Festsetzung des christlichen Ostern auf den dem jüdischen Pessachfest folgenden Sonntag — ein Indiz dafür, daß man die Nabelschnur zum Judentum nicht durchtrennen wollte — geht auf einen koptischen Papst zurück. Der koptische Patriarch, der sich als erstes Oberhaupt einer christlichen Kirche Papst nannte, führt auch den Titel eines "Löwen von Juda".

Als die christliche Kirche in Byzanz ein Bündnis mit dem römischen Kaisertum einging und zur römischen Staatskirche wurde, die um der Einheit des Reichs und des Glaubens willen verbindliche Dogmen festsetzte, verhärtete sich die Opposition der nationalägyptischen koptischen Kirche. Im Konzil von 451 versagte sie sich dem reichseinheitlichen Dogma von den zwei Naturen Christi und bekannte sich zur monophysitischen Lehre.

Die Monophysiten glauben nur an die göttliche, nicht aber an die menschliche Natur Christi. Vielleicht läßt sich diese Auflehnung gegen die vom oströmischen Kaiser repräsentierte Kirche aus der Beziehung der Kopten zum Judentum erklären, für das das von der Kirche vertretene Dogma ein Ärgernis war. Erinnert nicht auch der Eifer, mit dem die koptischen Priester und Äbte die heidnischen Gestalten auf den ihnen zugänglichen Heiligtümern zerstörten, an die kompromißlosen Eiferer des Alten Testaments?

Jedenfalls trieb das Bündnis der christlichen Kirche mit der römischen oder byzantinischen Staatsmacht, mit der sowohl die Juden als auch die Ägypter keine guten Erfahrungen gemacht hatten — von der Regierung in Byzanz, dessen Kaiser das Nilland im Jahre 395 erbte, wurde Ägypten völlig vernachlässigt —, beide, die Kopten wie die Juden, in eine Abwehr- und Trotzhaltung gegen die siegreiche Kirche. Sie brachen das Gespräch mit dem herrschenden Christentum ab und isolierten sich von der Welt, die sie zum "wahren Glauben" zu bekehren suchte.

Für die Juden wirkte sich das Bündnis zwischen der römischen Staatsmacht und der Kirche besonders negativ aus. Ihnen schob die Kirche nun, da man die Römer, die das Todesurteil über Jesus ausgesprochen hatten, entlasten wollte, die ganze Schuld für die Kreuzigung zu. Der Stamm, von dem man sich nie ganz lösen konnte, weil das Neue Testament ohne den he-

14 Innenansicht der koptischen Kirche St. Sergius, Alt-Kairo. An dieser Stelle soll die hl. Familie auf der Flucht einen Monat lang gewohnt haben.

15 Kairo am Nil, die Hauptstadt des modernen Ägypten. (Archiv des Ägyptischen Fremdenverkehrsamtes, Frankfurt a. M.)

bräischen Teil der Bibel sinnlos wäre, wurde zum Inbegriff des Bösen, und die, die "verstockt" an ihm festhielten, wurden zu Sündenböcken.

Das Judentum reagierte mit einer vertieften Rückbesinnung auf seine Ursprünge im Lande der Väter, in Zion. Es verzichtete auf die von der christlichen Kirche usurpierte Weltoffenheit und auf jegliche Form von Missionstätigkeit, auf jeden Versuch, Nichtjuden zu bekehren. Es baute im Talmud eine Mauer um das biblische Gesetz und entzog sich mit seinem religiösen Zionismus, mit der Rückwendung des Diaspora-Judentums nach Jerusalem, dem Verständnis und der Sympathie der andersgläubigen Umwelt. Es machte das biblische Hebräisch, das den Andersgläubigen wie eine Geheimsprache erschien, zur Sprache des jüdischen Gottesdienstes, der jüdischen Liturgie.

Auch die Kopten in Ägypten gaben sich dieser Tendenz zur Kryptik immer mehr hin. Sie blieben, als ihre Alltagssprache Arabisch wurde, der koptischen Sprache in ihrem Kultus, ihrer sehr eigenwilligen Liturgie, bis auf den heutigen Tag treu. So überstanden sie, ähnlich den Juden, die Verfolgungen, denen sie in ihrer langen Geschichte ausgesetzt waren.

Der Einfall der Araber

Im 7. Jahrhundert drängte eine neue dynamische Kraft aus den Wüsten Asiens über Palästina in das fruchtbare Niltal. Der große Kalif Omar führte die Krieger des Propheten Mohammed aus Arabien nach Persien und an die Ostküste des Mittelmeers. 637, fünf Jahre nur nach Mohammeds Tod, ergab sich der christliche Patriarch von Jerusalem, das auch von den Moslems zur heiligen Stadt erklärt wurde. Drei Jahre später war auch Ägypten in der Hand der Araber.

Der frühe arabische Islam erinnert in mancher Hinsicht an das frühe Israel, das Israel des Exodus und der Wüste. Auch im Islam beginnt die Geschichte mit einem Auszug, der Hedschra des Propheten Mohammed von Mekka nach Medina. Wie Mose vor ihm einigte Mohammed mit seinem radikalen Monotheismus die freiheitsliebenden, zum Partikularismus neigenden arabischen Stämme, schuf er aus ihnen mit Hilfe des einigenden Glaubens ein geschichtsträchtiges Volk. Es war eine fruchtbare Verbindung, die explosiv wirkte.

Mohammeds Lehre ist diesseitsbezogen: ähnlich dem Judentum sagt sie den Gläubigen, was sie auf dieser Erde konkret zu tun und zu lassen haben. Die rituellen Vorschriften der Moslems für den Alltag stimmen in vielen Einzelheiten mit denen des Judentums überein.

Charakteristisch ist auch die Radikalität des frühen Islam, nicht nur im Hinblick auf den Eingottglauben und das Bilderverbot, sondern auch in ethisch-moralischer Hinsicht. Die Bescheidenheit der ersten Kalifen, die noch echte Stellvertreter des Propheten waren, die Einfachheit ihrer Lebensführung war vorbildlich: Bei ihrem Tod hinterließen sie kaum mehr als ihr Kamel.

Einfachheit war auch beim Bau des Gotteshauses bestimmend. Die Moschee war ursprünglich ein einfacher rechteckiger Lagerplatz zur inneren Einkehr, eine von schattenspendenden Wandelhallen umgebene Karawanserei. Keine Wohnung Gottes, kein Tempel. Hier setzte sich der arabische Islam sowohl von der Pracht der christlichen Kathedralen ab als auch von der schmucklosen Kryptik der jüdischen Synagogen, die sich in ihrer engen Introvertiertheit so sehr vom früheren Tempel unterschieden.

Das Bilderverbot, das im Judentum zur Entfaltung der schöpferischen Kräfte im Bereich der Musik und der Dichtung führte, lenkte die künstlerische Kreativität des arabischen Volkes

vor allem zur Architektur und Ornamentik. Von Spanien bis nach Indien künden viele erhabene Bauwerke von der vollendeten Baukunst des Islam.
Dank der ihm eigenen Dynamik war der arabische Islam dem korrupten Regime von Byzanz, das Ägypten verwaltete, überlegen. Von der einheimischen Bevölkerung isoliert, die die Eroberer aus der arabischen Wüste als Befreier begrüßte, mußte Byzanz das Nilland nach kurzem Widerstand räumen. Ägypten wurde zu einer Provinz des sich ausdehnenden Kalifenreiches. Zur neuen Hauptstadt des Landes, anstelle des griechisch-byzantinischen, nach Norden orientierten Alexandria, erhoben die Araber das von ihnen gegründete Fustat, den Kern des heutigen Kairo.
Die arabische Amtssprache verdrängte relativ rasch das Griechische und das Koptische aus Ägypten. Viele Ägypter traten zum Islam über, teils um keine Steuern zahlen zu müssen, die nur den "Ungläubigen" aufgebürdet wurden, teils um sich den Diskriminierungen zu entziehen, unter denen die Christen mehr zu leiden hatten als die Juden. Diese ließen die arabischen Eroberer fast unbehelligt. Die Moslems versuchten nicht, auch das Volk des Buches, auf das sich der Koran ebenso beruft, zu ihrem Glauben zu bekehren.
Mohammed selbst hatte es noch versucht. Er hatte den Juden Arabiens seinen Glauben als den einzig wahren Glauben, als das wahre Judentum angeboten. Er hatte ihnen eine Reform des Judentums angeboten, das sich seit Mose verändert, von seinen Ursprüngen entfernt hatte. Eine Rückführung des Judentums zu seiner ursprünglichen Form. Sie hatten ihn höhnisch abgewiesen, worauf der streitbare Prophet mit Absetzbewegungen vom Judentum und nach seinen ersten Siegen auch mit Judenverfolgungen reagierte.

Waren die asiatischen Söhne der Freiheit, die unter Mose das fruchtbare Nilland verlassen hatten, unter der grünen Fahne des Propheten Mohammed nach Ägypten zurückgekehrt?
Wenn man eine solche Perspektive der Geschichtsbetrachtung zugrunde legt, so kann man sagen, daß die Sklaven des Pharaonenreichs als Herren des Landes zurückkamen. Die Araber — hier soll nicht behauptet werden, daß sie mit den Juden identisch sind — bildeten die Oberschicht in der sozialen Hierarchie Ägyptens. Wer in ihr aufsteigen wollte, mußte Arabisch sprechen und Moslem werden.
Aber ist es dem arabischen Islam nicht zwangsläufig ergangen, wie es dem Hellenismus und dem Christentum in Ägypten ergangen war? Wurde nicht auch er verwandelt, ägyptisiert?
Zweifellos hatte die geballte Kraft des arabischen Islam eine durchschlagendere Wirkung als der Hellenismus, der den Ägyptern eine neue Sprache und Kultur gebracht, und das Christentum, das ihnen eine neue Religion oktroyiert hatte. Der arabische Islam war mehr, war Religion und Volk, Kultur und Sprache in einem, und als Ägypten ihn annahm, wurde es nicht nur islamisiert, sondern gleichzeitig auch arabisiert. Vor allem war er als Inkarnation des semitisch-vorderasiatischen Geistes den Ägyptern weniger fremd als die Einflüsse, die aus dem Abendland kamen. Ist es nicht anmaßend, wenn die europäischen Geschichtsschreiber im Hinblick auf die Eroberung des Nillandes durch die Araber schreiben: "Ägypten geht dem Abendland für mehr als tausend Jahre verloren"? Hatten die Griechen, die Römer, die Byzantiner, die es dem Abendland erschlossen hatten, nicht dafür gesorgt, daß Ägypten sich selbst, seine eigene, im eigenen Lebensraum wurzelnde Kraft verlor?

Ägypten wurde von den Arabern stärker verwandelt als von den Persern, Griechen, Römern, Christen und von den Türken, die es im 16. Jahrhundert eroberten. Und dennoch — es blieb Ägypten, es ging auch als moslemisches Land in mancher Hinsicht seinen eigenen Weg.
So verlor der Islam in Ägypten bald seinen militanten Fanatismus. Es gab zwar auch im arabisch-moslemischen Ägypten Herrscher, die — wie der Kalif Al-Hakim zu Beginn des 11. Jahrhunderts — Christen und Juden verfolgten und ihre Kirchen und Synagogen zerstörten. Im allgemeinen aber waren die ägyptischen Moslems toleranter als ihre Glaubensbrüder in Asien, die nicht nur gegen die anderen Religionen härter, militanter vorgingen, sondern auch Machtkämpfe im eigenen Lager mit blutrünstiger Grausamkeit, die vom Mord bis zur Ausrottung ganzer Sippen reichte, austrugen.
Dazu kam eine Tendenz zur geistigen Auseinandersetzung, zum akademischen Wettstreit im moslemischen Ägypten. Als das Kalifat, das in den ersten dreieinhalb Jahrhunderten nach Mohammeds Tod seinen Sitz in den asiatischen Metropolen des Islam, in Damaskus und Bagdad, hatte, nach Kairo verlegt wurde, entstand die berühmte Al-Azhar-Universität, die seit tausend Jahren das geistige Zentrum des Weltislam bildet. Es ist bemerkenswert, daß die Unterweisung an dieser bedeutenden Akademie, von der geistige Impulse in die ganze moslemische Welt ausgehen, ähnlich der in den jüdischen Talmud-Schulen praktizierten Lehrweise, in der Form des weiterführenden Dialogs erfolgt. Diese Wesensverwandtschaft schuf die Voraussetzung für den im 10. Jahrhundert einsetzenden Dialog mit dem Judentum, mit jüdischen Theologen, Philosophen, Wissenschaftlern und Dichtern. Die islamische Theologie, die einen hohen Grad logischer Vollendung erreichte, befruchtete das mittelalterliche Judentum, das in sei-

16 Al Azhar — Moschee und Universität in Kairo. (Archiv des Ägyptologischen Instituts der Universität Köln)

17 Jerusalem mit Felsendom, der über der traditionellen Opferungsstätte des Abraham auf dem Moria 691 n.Chr. errichtet wurde (nach jüdischer Tradition der Tempelberg). (Foto Hans Lachmann)

ner Apologie eine profunde philosophische Literatur entwickelte.
Daß die typisch ägyptische Neigung zum Synkretismus auch unter der Herrschaft des Halbmonds nicht verlorenging, zeigt zum Beispiel die Idee von Präsident Sadat, auf dem Sinai-Berg ein Gotteshaus zu errichten, das eine Moschee, Kirche und Synagoge und damit alle drei monotheistischen Weltreligionen unter einem Dach vereint.
Bedenkenswert ist auch die Tatsache, daß Ägypten trotz der Arabisierung des Nillandes seinem alten Sonnenkalender treu blieb. Die ägyptischen Moslems halten sich natürlich mit den Moslems in aller Welt an ihren Festkalender, der die Zeit von der Hedschra, vom Auszug Mohammeds aus Mekka an zählt. Als Land aber, als Staat, als einziger arabischer Staat, rechnet Ägypten nicht nach dem moslemischen Mondkalender, welcher der Natur dieses alten Bauernlandes, in dem jahrtausendelang die Sonne göttlich verehrt wurde, widerspricht: Das Steigen und Fallen des Nil, die Zeiten für die Aussaat und die Ernte lassen sich nur nach dem Sonnenkalender berechnen, den auch Europa von den Ägyptern übernahm.

Unter den Fatimiden

Ägypten fiel mit dem Einfall der Araber und der Errichtung des riesigen Kalifenreichs nicht aus seiner Geschichte, zu der seit frühester Zeit der Kampf um die Hegemonie zwischen dem Nilland und dem Zweistromland in Mesopotamien gehört. Zwar wurden die beiden alten Rivalen durch die eine Religion in einem theokratisch geführten Staatswesen vereint; als aber Damaskus die Herrschaft über die arabische Welt in der Mitte des 7. Jahrhunderts an sich riß, brach der alte Kampf um den Vorrang von neuem aus.

Die Solidarität unter den Arabern, deren Freiheitsdrang, deren Neigung zum Partikularismus, zu oft blutig ausgetragenen, durch die Blutrache weitergetragenen Stammesfehden vom Islam nur gebändigt, aber nicht erloschen war, war von Anfang an brüchig. Es entstanden Sekten, die sich bekämpften, es gab Kalifen und Gegenkalifen, es gab Aufstände und Unabhängigkeitsbestrebungen der verschiedenen arabischen Zentren, es gab immer wieder Kriege der arabischen Länder gegeneinander.

Es war die Familie der Omaijaden, die den Sitz des Kalifats von Mekka nach Damaskus verlegte. Nachdem deren letzter Sproß in der Mitte des 8. Jahrhunderts ermordet worden war, riß die Dynastie der Abbasiden in Bagdad die Macht über das Kalifenreich an sich. Ägypten sah sich durch die Entfernung des Machtzentrums in die Rolle eines vernachlässigten Satelliten gedrängt. In der Mitte des 9. Jahrhunderts endlich begehrte ein ägyptischer Emir gegen das provinzielle Schattendasein auf, gab dem Nilland die Selbständigkeit und wagte sogar einen Feldzug gegen Bagdad, der allerdings — wie die meisten ägyptischen Aktionen in Asien — scheiterte. Das Land mußte sich von neuem unter das Joch der Abbasiden beugen.

In der Mitte des 10. Jahrhunderts begann die Gegenoffensive des nordafrikanischen Islam. Die Fatimiden, die ihren Anspruch auf das Kalifat von ihrer Abkunft von Fatima, der jüngsten Tochter Mohammeds, herleiteten, eroberten von Tunis aus den ganzen Maghreb und im Jahre 969 auch Ägypten, das sie zum Mittelpunkt ihres Reiches erkoren. Dieses Reich umfaßte auch Sizilien, Palästina und Syrien.

Unter der Dynastie der Fatimiden, die bis 1171 regierten, erlebte Ägypten den größten politischen, wirtschaftlichen und kulturellen Aufschwung in seiner arabisch-islamischen Geschichte. Kairo, das die neue Dynastie zur Hauptstadt erhob, dessen Universität sie gründete, wurde in dieser Zeit zum blühenden, wegen seiner prächtigen Moscheen, Paläste und Akademien vielbestaunten Zentrum der ganzen islamischen Welt.

Unter dem Kalifat der Fatimiden öffnete sich der Islam verstärkt dem Dialog mit der nichtmoslemischen Welt. Die arabische Baukunst nahm byzantinische und gotische Elemente auf und entwickelte aus ihnen und eigenen Formen einen eigenständigen arabischen Stil. Umgekehrt übernahmen die Europäer von den Arabern in jener Zeit eine Fülle von Formen, Werten und Worten — wie etwa das Wort "Ziffer", das von einem arabischen und hebräischen Stamm abgeleitet ist.

In diesem Dialog spielten die Juden als sprachkundige Vermittler eine hervorragende Rolle. Der Einfluß der ägyptischen Juden auf die Politik und das Geistesleben ihres Landes war ungewöhnlich groß. Es gab in der Fatimidenzeit viele jüdische Wissenschaftler und Ärzte; einige dienten sogar als Leibärzte der Kalifen am Hof in Kairo.

Die ärmeren palästinensischen Juden, die den Fatimiden bei der Eroberung ihres Landes wertvolle Hilfe geleistet hatten, waren materiell weitgehend von ihren ägyptischen Glaubensbrüdern abhängig und wie schon in früheren Jahrhunderten wanderten viele von ihnen nach Ägypten aus.

Übrigens standen die jüdischen Gemeinden Ägyptens in einem regen Wettstreit mit der Gemeinde in Babylon, dem älteren Zentrum jüdischen Lebens und jüdischer Gelehrsamkeit, in einem an den Kampf zwischen Kairo und Bagdad selbst erinnernden Wettstreit um die Hegemonie in der islamischen Welt.

Gegen Ende der Fatimidenzeit starb ein großer jüdischer

Dichter, der aus einem anderen Zentrum des arabisch-jüdischen Dialogs, aus Spanien, nach Ägypten gekommen war: Jehuda Halevi, der bedeutendste hebräische Dichter der nachbiblischen Zeit, der Verfasser vieler Hymnen, die in das jüdische Gemeindegebet aufgenommen wurden, der Arzt und Religionsphilosoph, der als einer der ersten das Volk Israel aufrief, nach Zion zurückzukehren, erreichte — allen Legenden, die ihn in Jerusalem sterben lassen, zum Trotz — das Land seiner Träume nicht. Er landete in Ägypten, besuchte Alexandria und Kairo und starb dort im Jahre 1141.

Saladin und Maimonides

Während des Kalifats der Fatimiden setzten sich in Europa die Kreuzzüge der christlichen Ritterheere in Bewegung, um den Ungläubigen das Heilige Grab in Jerusalem zu entreißen.

Auf dem Konzil von Clermont 1095 wurde der erste Kreuzzug als Antwort auf die Entweihung der heiligen Stätten des Christentums beschlossen. Als ein Zug von fanatisierten, plündernden Massen, die Tausende von Juden in den blühenden Gemeinden an Rhein und Mosel ermordeten, zog er seine dunkle Spur durch Europa.

Im Juli 1099 eroberte Gottfried von Bouillon, Herzog von Lothringen, die heilige Stadt der drei Religionen und hißte die Fahne der Kreuzfahrer auf dem kuppelgekrönten Felsendom, den die Araber im 7. Jahrhundert an der Stelle des alten jüdischen Tempels errichtet hatten. Die El-Aksa-Moschee am Südende des Tempelplatzes, das heiligste Bethaus der Moslems in Jerusalem, wurde in eine Kirche verwandelt; die Große Synagoge wurde mitsamt den Juden, die in dem Gotteshaus Zuflucht gesucht hatten, angezündet und verwüstet.

Fast alle moslemischen und jüdischen Bewohner der Stadt wurden niedergemetzelt. Nur ganz wenigen gelang die Flucht.

Der zur Befreiung der heiligen Plätze unternommene Kreuzzug wuchs sich zu einem allgemeinen Krieg der Kirche gegen alle Feinde der Christenheit aus, gegen den Islam, gegen die "verstockten" Juden und gegen die orientalischen Kirchen, die sich, wie die Kopten, von der reinen Lehre abgewandt hatten.

Der gemeinsame Feind vertiefte die Freundschaft zwischen den Moslems und den Juden. Die Juden kämpften mit großem Einsatz an der Seite der Araber gegen die christlichen Angreifer. Und als sich das Kriegsglück wendete, als der Islam zum Gegenschlag gegen die Kreuzfahrer ansetzte und sie aus dem größten Teil des biblischen Landes vertrieb, da rief der ägyptische Sultan die Juden in einer feierlichen Proklamation auf, nach Jerusalem zurückzukehren.

Die Wende trat ein, nachdem der moslemische Kurde Salah ed-Din, in Europa bekannt als Saladin, dessen Vater Aijub Statthalter in Damaskus war, die Macht in Ägypten an sich gerissen hatte. Ihm gelang es im Jahre 1187, bei Chittin in der Nähe des Genezaret-Sees die Kreuzfahrerheere vernichtend zu schlagen und Jerusalem zurückzuerobern.

Ein jüdischer Bürger Jerusalems schrieb damals in einem Brief: "Und Gott erweckte den König der Ismaeliten im viertausendneunhundertundfünfzigsten Jahre der Schöpfung und der Geist der Weisheit und des Mutes kam auf den König herab. Und er kam mit seinem ganzen Heer aus Ägypten und belagerte Jerusalem. Und Gott gab die Stadt in seine Hand. Und er ließ eine Proklamation in der ganzen Stadt an alt und jung ergehen, um dem Volk von Jerusalem seine Worte zu verkünden, daß jeder in die Stadt zurückkehren könne, alle Söhne Ephraims, alle Überlebenden des assyrischen Exils und alle in der Welt Verstreuten."

Sultan Saladin, der Begründer der nach seinem Vater benannten Aijubiden-Dynastie, war toleranter als die christlichen "Könige von Jerusalem". Er nahm zwar den Tempelberg mit den beiden Moscheen in Besitz, verschonte aber die christlichen Kirchen und gestattete auch trotz des anhaltenden Kriegszustandes die christlichen Pilgerfahrten nach Jerusalem. Und was die Juden betraf, so förderte er nicht nur den Wiederaufbau des jüdischen Jerusalem, er ermutigte auch die europäischen Juden, vor allem die verfolgten Juden Spaniens, zur Einwanderung in sein Reich.

Unter den spanischen Juden, die damals in Saladins Reich auswanderten, ragt ein Mann hervor, der als Arzt und Vertrauter des großmütigen Sultans und als Philosoph und Theologe gleichermaßen berühmt geworden ist: Moses Maimonides.

In Cordoba 1135 geboren, wanderte Maimonides 1165 in Palästina ein, wurde 1170 von Sultan Saladin zum Leibarzt und zum Oberhaupt der jüdischen Gemeinde in Ägypten ernannt und starb 1204 nach einem reichen, produktiven Leben in Fustat.

Maimonides vertrat und verband als Mensch und als Denker Positionen, die uns Heutigen als nahezu unvereinbare Gegensätze erscheinen. Er war als Arzt, der bedeutende medizinische Abhandlungen schrieb, Naturwissenschaftler, und er war Philosoph und Theologe, der herausragende Theologe des jüdischen Mittelalters. Er war ein Mann des Gesprächs mit dem Islam und der arabischen Philosophie, der Arabisch schrieb und sogar die Juden in Schutz nahm, die sich unter Druck zum islamischen Lippenbekenntnis bequemten — und er war doch ein echter, aufrechter Jude, der die von der Überlegen-

heit der arabischen Philosophie verunsicherten Juden in ihrem Glauben zu stärken suchte.
In seinem philosophischen Hauptwerk "Führer der Verirrten" und in den dreizehn Glaubenssätzen des Judentums, in denen zum ersten Mal auch der Glaube an die Auferstehung der Toten kodifiziert ist, versuchte er die Grundsätze der jüdischen Religion, die im Labyrinth der talmudischen Dialektik unfaßbar geworden waren, in einer klaren, dogmatischen Fassung zu deuten. Da das Judentum im Grunde keine bindenden Dogmen kennt, fand das Werk des Maimonides bei seinen Glaubensbrüdern sowohl Kritiker als auch Bewunderer.

In der Beziehung zwischen Saladin und Maimonides, der das Urbild von Lessings "Nathan" sein könnte, fand die Freundschaft zwischen dem arabischen Islam und dem Judentum ihren persönlichsten Ausdruck. Es ist vielleicht kein Zufall, daß diese Beziehung auf ägyptischem Boden gedieh, obwohl die beiden Männer selbst nicht gebürtige Ägypter waren.

Im Schatten der Geschichte

Fünfzig Jahre nach dem Tode Saladins erlosch die Aijubiden-Dynastie. Unter den Mamelucken, die von 1250 bis 1517 in Kairo residierten, setzte der Niedergang des Kalifats ein. Die Mamelucken, die eigentlich turkmenische Söldner waren, die sich — wie die "Kreti und Pleti", die Kreter und Philister des Königs David — in der Leibgarde des ägyptischen Sultans hochgedient hatten, waren tüchtige Soldaten, die einen neuen Ansturm Asiens, den der Mongolen, erfolgreich abwehrten, die auch die Kreuzfahrer endgültig aus Palästina verjagten; um den Wohlstand der von ihnen regierten Länder aber kümmerten sie sich wenig. Die Bevölkerung Ägyptens und

Palästinas verarmte. Die Toleranz der Moslems gegen Juden und Christen, die Gesprächsbereitschaft mit anderen Kulturen ging zurück.

Als 1517 die türkischen Osmanen Jerusalem und Kairo eroberten, versanken Ägypten und Israel vollends im Schatten der Geschichte. In den folgenden Jahrhunderten hatten die beiden Völker schwere Identitätskrisen zu bestehen.

In Ägypten war die Identität von Land und Volk erschüttert. Das Land, das — wie in der byzantinischen Zeit — vom fernen Konstantinopel mehr ausgebeutet als verwaltet wurde, verödete. Da man die alten Bewässerungskanäle, die Ägypten in der Zeit seiner Hochkultur zur fruchtbaren Kornkammer gemacht hatten, vernächlässigte, rang die Wüste dem Nil immer größere Gebiete ab. Und mit dem Land verelendete die Bevölkerung. Sie fiel in Lethargie, in jene fatalistische Lethargie, aus der die Menschen erst in diesen Tagen zu erwachen beginnen.

Bei den Juden waren die Identitätsprobleme komplizierter. Nach der Vertreibung der Juden aus Spanien durch die Kirche im Jahre 1492 war nicht nur die Verbindung, sondern auch die Solidarität zwischen dem nördlichen "askenasischen" Teil und dem orientalischen "sephardischen" Zweig des Judentums gestört. Die Juden in Frankreich, Deutschland und Osteuropa wußten nichts von ihren Brüdern in Nordafrika, Ägypten und im türkischen Reich, das unter Sultan Selim I. — hier zeigte sich seine in Mozarts "Entführung" gerühmte Toleranz — den größten Teil der jüdischen Flüchtlinge aus Spanien aufnahm.

Infolge der Faszination, die von der modernen europäischen Kultur ausging, entstand ein Riß im jüdischen Geschichtsbewußtsein, das die jüdische Identität prägt, ein Riß, der sich angesichts der emanzipatorischen Botschaft des Humanismus, der Aufklärung und der Französischen Revolution immer mehr vertiefte. Die Geschichte vom Auszug aus Ägypten, die die jüdischen Familien Jahr für Jahr am ersten Pessachabend lesen, geriet allmählich zum äußerlichen Ritual, das Wort vom "Nächsten Jahr in Jerusalem", das zu der Lesung gehört, zur leeren, sinnlos gewordenen Formel. Für die Juden, die sich um den Eintritt in die moderne europäische Gesellschaft bemühten, kam das Judentum nur noch als Religion in Frage. Sie fühlten sich mehr als Deutsche, als Franzosen denn als Juden. Viele, unter ihnen hervorragende Persönlichkeiten, die die europäische Kultur bereicherten, schämten sich ihres Judentums.

Im osteuropäischen Judentum war der Identitätskonflikt weniger ausgeprägt. Die polnischen und russischen Juden bekannten sich zu ihrem Judentum zu Hause, in der Synagoge und auf der Straße. In ihrer Leidenshaltung, in ihrer Bereitschaft, endlose Drangsalierungen und Verfolgungen widerstandslos zu erdulden, unterschieden jedoch auch sie sich von jenem Judentum, das in der Bibel dargestellt ist. Nicht nur in den Teilen, die von der Geschichte Israels in seinem Land erzählen, auch in den Büchern der Diaspora, wie im Ester-Buch, erscheint dort ein starkes und kraftvolles Judentum, das sich gegen seine Verfolger wehrt. Daß das europäische Judentum, das den Sinn seiner Existenz, seine "Auserwähltheit" im Leiden sah, dank seines Glaubens überlebte, grenzt an ein Wunder.

Das war es, was in jener Zeit, in der die Welt sich fortschritts- und entdeckungsfreudig nach Westen ausweitete und das Herz der Geschichte nördlich des Mittelmeerraums schlug, Ägypten und Israel verband: Sie wurden von denen, die — obwohl sie sich auf die Bibel beriefen — die alte Weisheit des Orients nicht mehr verstanden, getreten und gequält. Und sie ertrugen es, jeder auf seine Art.

Am Ende des 18. Jahrhunderts eilte Napoleon, fasziniert von der großen Geschichte Ägyptens und Israels, durch die Länder des östlichen Mittelmeers. Er beschwor nicht nur die vierzig Jahrhunderte, die auf seine unter den Pyramiden lagernden Soldaten herabblickten, womit die Initialzündung zur Entschlüsselung der ägyptischen Hieroglyphen gegeben war; er beschwor auch die Juden unter Berufung auf Jesaja und Joel, sich von der "zweitausendjährigen Schmach", die die Welt über Israel gebracht habe, zu befreien und ihren historischen Anspruch auf das Land ihrer Väter zu verwirklichen. Die meisten Juden waren davon allerdings nicht sehr begeistert.

Im 19. Jahrhundert erwachten Ägypten und Israel aus dem Tiefschlaf, in dem sie so lange versunken waren, Ägypten in der ersten Hälfte des Jahrhunderts, Israel in dessen letztem Drittel.

Ägypten kam unter dem Pascha Mohammed Ali zu sich, der mit seinen Söhnen von 1805 bis 1863 über das Nilland herrschte. Er erhob sich gegen das Regime von Konstantinopel und gab dem Lande nicht nur Selbständigkeit, sondern auch Wohlstand, indem er sich mit Erfolg um den Abbau der Korruption, der Anarchie, der allgemeinen Gleichgültigkeit und um die Reorganisation des Staates und der Wirtschaft bemühte. Unter Mohammed Alis Söhnen wurde der Bau des schon von Pharao Necho geplanten und in Angriff genommenen Suezkanals verwirklicht.

Ihnen gelang es auch, Palästina zu erobern, und auch dort wurden Unsicherheit und Anarchie beseitigt, die Wirtschaft saniert, der Wohlstand der Bevölkerung vermehrt. Wie in früheren Zeiten zeichnete sich die ägyptische Herrschaft durch Toleranz gegenüber den Juden und Christen aus. Die Inter-

18 Theodor Herzl (1860 bis 1904), der Prophet des jüdischen Staates.

19 David Ben Gurion (1886 bis 1973), der Staatsgründer Israels. (Archiv der Botschaft des Staates Israel, Bonn)

20 Ein israelischer Kibbuz im Jordantal (Archiv der Botschaft des Staates Israel, Bonn)

vention der europäischen Mächte zugunsten des "kranken Mannes am Bosporus" zwang Ägypten 1840 zum Rückzug aus dem Lande der Bibel, in dem bald darauf wieder "byzantinische Zustände" einkehrten.
Israels Zu-sich-Kommen begann gegen Ende des 19. Jahrhunderts im fernen Europa, in Paris. Theodor Herzl, der Sohn einer wohlhabenden österreichischen Familie, war dort als Korrespondent einer angesehenen Wiener Zeitung Zeuge des Dreyfus-Prozesses, der Frankreich damals in zwei Lager spaltete. Dreyfus, ein unbescholtener, seinem Vaterland und dessen Armee völlig loyaler jüdischer Hauptmann, wurde — ein Opfer des französischen Nationalismus, ein Sündenbock der konservativen französischen Gesellschaft — wegen Hochverrats zur Verbannung auf die Teufelsinsel verurteilt. Herzl, von den Wogen des militanten Antisemitismus, der vor keiner Lüge, keinem Unrecht zurückschreckte, zutiefst erschüttert, entdeckte in diesem Prozeß sein Judentum. Er begann sich in einer ganz neuen Weise mit diesem Judentum zu identifizieren: Er wurde Zionist. "Mit dem Dreyfus-Prozeß" — so bekannte er selbst — "wurde ich Zionist."
Zionismus: Das ist die Erkenntnis, daß die Juden auch und gerade im modernen Nationalstaat eine schutz- und rechtlose Minderheit bleiben, wenn sie keine Heimstätte haben, kein Land, das ihr Lebensrecht garantiert. Der Zionismus ist, um mit Herzl zu reden, "die Heimkehr zum Judentum noch vor der Rückkehr ins Judenland". Er ist der Anfang der Überwindung eines Identitätskonflikts, der sich mit der allgemeinen Säkularisierung des Lebens, mit dem Rückgang der Bedeutung der Religion im Nationalstaat des 19. Jahrhunderts in lebensgefährlicher Weise verschärft hatte.
Im Jahre 1896, ein Jahr nach der Verurteilung von Dreyfus, schrieb Theodor Herzl sein programmatisches Werk "Der Ju-

denstaat"; 1897 eröffnete er den ersten Zionistischen Kongreß in Basel. Zum ersten Mal kamen jüdische Delegierte aus Westeuropa und aus dem von Pogromen geschüttelten zaristischen Rußland, aus Amerika und dem arabisch sprechenden Orient zusammen, um über Wege und Ziele der neuen Bewegung zu diskutieren. Unter ihrer neuen Fahne, dem blauen Davidstern, hatten die askenasischen und sephardischen Juden wieder zusammengefunden.

Nach dem Kongreß schrieb Theodor Herzl in sein Tagebuch: "Fasse ich den Basler Kongreß in ein Wort zusammen, so ist es dieses: In Basel habe ich den Judenstaat gegründet. Wenn ich das heute laut sagte, würde mir universelles Gelächter antworten. In fünfzig Jahren wird es jeder einsehen."

Ein wahrhaft prophetisches Wort. Fast auf den Tag genau fünfzig Jahre später, am 29. November 1947, faßte die Vollversammlung der Vereinten Nationen den Beschluß, im damaligen britischen Mandatsgebiet von Palästina einen jüdischen Staat zu errichten. Nach der Vernichtung von Millionen von Juden, denen kein Staat Schutz oder Hilfe gewährt hatte, nach der Aufdeckung der Greuel von Auschwitz konnte die zivilisierte Welt nicht umhin, sich Herzls Ideen zu eigen zu machen.

Man hat Herzl mit Mose verglichen. Gleich dem Mann des biblischen Exodus trieb ihn die Not seiner Brüder zum Kampf um ihre Befreiung, ihren Auszug ins verheißene Land. Wie Mose trat Herzl furchtlos vor die Mächtigen seiner Zeit, wie den mit dem türkischen Sultan verbündeten deutschen Kaiser Wilhelm II. Wie Mose hatte er gegen starke Widerstände im eigenen Volk anzukämpfen. Wie Mose träumte Herzl von einem Land, wo Milch und Honig fließt — und Wasser zur Wiedererweckung der Wüste, von einem Land des Friedens und der sozialen Gerechtigkeit. In seinem utopischen Roman

"Altneuland", einer Vision des erträumten Staates, kommen sogar schon Siedlungen vor, die an die israelischen Kibbuzim erinnern.
Wie Mose endlich starb Herzl sehr einsam jenseits der Grenze des Landes seiner Träume. In der Nähe von Wien erlag er, aufgerieben vom Kampf um die Verwirklichung seiner Idee, im Alter von 45 Jahren einem Herzanfall.

Eine Sprache als Brücke

War Mose durch seine Erziehung, durch das Milieu, aus dem er kam, ein Ägypter, so war Theodor Herzl ein von deutsch-österreichischer Kultur geprägter, in deutscher Sprache schreibender und denkender Europäer. Er hielt es für selbstverständlich, daß in dem modernen Staat seiner Träume Deutsch gesprochen würde. Baron Edmond de Rothschild, der schon zwanzig Jahre vor Herzls "Judenstaat" in Palästina Boden gekauft und die Ansiedlung jüdischer Einwanderer aus Rußland gefördert hatte — das war ein philanthropischer, unpolitischer Zionismus —, hielt es für ebenso selbstverständlich, daß in den von ihm unterstützten Kolonien und Schulen Französisch gesprochen würde. Die Einwanderer selbst sprachen überwiegend Jiddisch, die Volkssprache der askenasischen Juden.
Die sephardischen Juden aber, die schon seit Jahrhunderten in Palästina wohnten, sprachen Ladino, einen seit ihrer Vertreibung aus Spanien konservierten spanischen Dialekt, oder Arabisch. Die Kluft zwischen dem orientalischen und dem europäischen Judentum blieb auch nach der Geburt des Zionismus und dem Beginn der Einwanderung von europäischen Juden bestehen.

Es herrschte eine babylonische Sprachverwirrung, und es wäre in Herzls Altneuland ein neuer babylonischer Turm entstanden, hätte Ben Jehuda, ein Medizinstudent aus Litauen, nicht die Idee gehabt, das alte Hebräisch, die Sprache der Bibel, als Umgangssprache für den israelischen Alltag zum Leben zu erwecken. Er kam 1881 nach Palästina und sprach vom ersten Tag an, ob man ihn nun verstand oder nicht, in der Familie, im Freundeskreis, auf dem Markt nur Hebräisch. Sein Sohn war das erste Kind seit zweitausend Jahren, dessen Muttersprache Hebräisch war.

Es erforderte viel Mut, Ausdauer und Verrücktheit — eine Qualität, die in der Sprache der Bibel "meschugga" heißt und die auch in anderen Lebensbereichen beim Aufbau Israels oft notwendig war —, um die heilige Sprache, die Sprache des Gebets, für die banalen Dinge des Alltags zu gebrauchen, für die Bestellung eines Essens im Restaurant oder für den Klatsch von Nachbarinnen. Es war auch notwendig, neue Wörter zu schaffen für die Dinge, die die Bibel noch nicht kannte, und sie im lebendigen Gespräch und durch die Zeitung und die Schule unters Volk zu bringen. Die neuen Worte waren in Wirklichkeit alte Worte, die in der Bibel eine andere Bedeutung haben, oder Ableitungen von alten hebräischen Stämmen oder aber es waren Anleihen aus dem Arabischen.

Die wiedererweckte hebräische Sprache erwies sich als dreifache Brücke: einmal schlug sie den Bogen über die Zeit in das Land der Bibel, in dem die altneue Sprache einst gesprochen worden war, zum anderen überbrückte sie die Kluft zwischen den von Haus aus jiddisch, russisch, polnisch, ungarisch, deutsch, englisch, spanisch oder arabisch sprechenden Juden aus allen Erdteilen, ohne einen der jüdischen Stämme zu bevorzugen, zum dritten aber bildete sie eine Brücke in den arabischen Raum, dessen Sprache, Semitisch wie das Hebräische, diesem brüderlich verwandt ist. Ob man "Schalom" sagt oder "Salam" — man kann sich verstehen.

Die im Lande geborenen jüdischen Kinder, die ihren aus anderen Kulturkreisen gekommenen Müttern oft erst ihre Muttersprache beibringen mußten, übernahmen aus dem arabischen Wortschatz sogar erheblich mehr Vokabeln, als Ben Jehuda ursprünglich gemeint hatte. Sie fluchen zum Beispiel nur in arabischer Sprache; vielleicht ist ihnen die Bibelsprache dazu doch noch zu heilig.

Die Bedeutung der hebräischen Sprache für die jüdische Identität ist zur Stunde kaum zu ermessen. Wenn Israel — anders als das land- und raumorientierte Ägypten — seine wahre Identität in der Geschichte, in der Dynamik der Zeit fand, die es der göttlichen Ewigkeit gegenüberstellte, so fand es in der hebräischen Sprache, deren Dynamik sich in der Dimension der Zeit verwirklicht, seinen adäquaten Ausdruck.

Man hat den Zionisten vorgeworfen, daß sie europäische Kultur, europäische Mentalität, europäische Ideen und europäische Technik in ein orientalisches Land gebracht, daß sie diesem Land ein europäisches Gesicht gegeben hätten. Man hat sie sogar mit den Kreuzfahrern verglichen, die das Gespräch mit dem Orient strikt abgelehnt haben. Die Option für die hebräische Sprache ist jedoch ein Beispiel dafür, daß bei der nationalen Rückbesinnung des Judentums nicht nur Konfrontation mit der arabisch-orientalischen Welt stattfand, sondern auch Annäherung und Bereitschaft zur Verständigung.

Geburtswehen eines Staates

Zu Beginn des 1. Weltkriegs machten die Engländer Ägypten zum britischen Protektorat. In den letzten Kriegsjahren er-

oberten sie mit jüdischer Hilfe auch Palästina. Das Land, das die Regierung in London in der Balfour-Deklaration von 1917 dem jüdischen Volk als "Homeland" versprochen hatte, wurde nach dem Krieg britisches Mandatsgebiet.
Im Jahre 1922 entließ Großbritannien unter dem Druck des ägyptischen Nationalismus das Nilland in die Unabhängigkeit. Ägypten wurde unter Fuad I. Königreich. In der Kanalzone blieben jedoch britische Truppen.
Die Geburt des jüdischen Staates war ungleich schwieriger. Die Wehen setzten schon in einem frühen Stadium der Schwangerschaft ein und der Geburtsvorgang selbst war mit solchen Komplikationen verbunden, daß der junge Staat ihn fast nicht überstanden hätte.
Der Vergleich mit der Geburt erscheint im Falle Israels angebracht, weil hier ein Volk erst zu seinem Land kommen und sich mit ihm in einer Art von mystischer Liebe vermählen mußte. A. D. Gordon, der Verkünder einer Religion der Arbeit, die der Kibbuz-Idee zugrunde liegt, spricht in seinen Schriften oft von jener schwierigen Liebesbeziehung, die alles fordert. Er vergleicht die Verwüstung des seit Jahrhunderten vernachlässigten Landes mit der Zerstörung des entwurzelten Volkes; er glaubt an die Gesundung von Volk und Land durch die Arbeit, in der sich der jüdische Mensch mit dem Boden und der Natur des Landes verbindet. Gordon setzte den Glauben an die Erlösung des Menschen durch die Arbeit an die Stelle der Gesetzesreligion der Diaspora. Für ihn und für die vielen jungen Menschen, die ihm folgten und in die Kibbuzim gingen, ist "der Weg zur Natur durch die Arbeit" der Weg zur Auferstehung des Volkes.
Gordon kam 1904 aus Rußland nach Palästina. Obwohl er fast fünfzig Jahre alt war und man ihm einen Job als Verwalter anbot, begann er sofort körperlich zu arbeiten. Er war kein Leh-

rer, der anderen predigte; er verwirklichte seine Lehre selbst. Das machte Schule. Als David Ben Gurion, der Staatsgründer und erste Regierungschef Israels, die Bedeutung der Negev-Wüste für die Zukunft Israels erkannte, da begnügte er sich nicht damit, die Idee der Besiedlung des weiten, verödeten Gebiets zu propagieren; er selbst ging trotz seines hohen Alters in einen Kibbuz im Negev und leitete von dort die Regierung.

Der erste Kibbuz wurde 1909, fast vierzig Jahre vor der Proklamation des Staates Israel, am Genezaret-See gegründet. Bis zur Staatsgründung entstanden fast 150 Kibbuzim. Diese Kommunen, die in den malariaverseuchten Sumpfgebieten und in den Wüsten, in den Bergen und am Meer siedelten, waren eine der wichtigsten Voraussetzungen für die Entstehung des jüdischen Staates.

Gordons Ideen aber setzten sich nicht nur in den Kibbuzim durch. Die überwiegende Mehrheit des Volkes begann seine Forderung zu akzeptieren, daß man — wie er sagte — "mit eigenen Händen alle Arbeiten verrichten müsse, von den gelehrtesten und feinsten bis zu den gröbsten und schwersten". Die meisten jüdischen Einwanderer, die in der Diaspora akademische und kaufmännische Berufe ausgeübt hatten, sattelten im neuen Lande um: Universitätsprofessoren wurden Busfahrer, Ärzte wurden Handwerker, Bankleute wurden Hafenarbeiter, Rechtsanwälte züchteten Hühner.

Die soziale Umstrukturierung der jüdischen Bevölkerung in Palästina hatte jedoch eine Schattenseite, die auch Gordon nicht vorausgesehen hatte. Sie führte zu einem Konflikt mit der arabischen Bevölkerung des Landes, die zunächst von der jüdischen Einwanderung und dem von ihr entfachten Wirtschaftsaufschwung profitierte. Die arabischen Arbeiter sahen in ihren jüdischen "Genossen", die die Arbeit in den jüdi-

21 Der Assuan-Staudamm, der das größte künstliche Wasserreservoir der Welt abgrenzt. (Foto Stern/Ihrt)

22 Am Nil blieb die Zeit stehen: Das Wasserrad dreht sich noch. (Foto Waltraud Evers)

schen Obstplantagen, im Straßenbau, im Hafen und in der Polizei des Mandatslandes "eroberten", Konkurrenten, die ihnen die Arbeit wegnahmen. Sie waren über die jüdischen Landkäufe, durch die vielleicht einige wenige Fellachen ihr Land verloren, die aber vielen anderen neue Arbeitsmöglichkeiten und Profit brachten, viel weniger erbittert als über das Eindringen der jüdischen Arbeiter in ihre Domänen. Es ist wohl kein Zufall, daß die arabischen Aktionen gegen die jüdische Bevölkerung im selben Jahr einsetzten (1921), in dem die jüdische Arbeitergewerkschaft gegründet wurde, und daß bei diesen blutigen Unruhen einer der bedeutendsten Führer der jüdischen Arbeiterbewegung den Tod fand.

Der Konflikt, der sich allmählich zu jener umfassenden Konfrontation zwischen Israel und der arabischen Welt ausweitete, der als Nahostkonflikt in die Geschichte einging, war im wahrsten Sinne des Wortes tragisch, denn in diesem Konflikt stand, unerbittlich und unvereinbar, Recht gegen Recht. Die Araber waren im Recht, da sie sich gegen die Eindringlinge aus einer anderen Welt — das Eindringen selbst war ja nichts Neues —, von denen sie sich um ihre Arbeitsplätze betrogen sahen, zur Wehr setzten. Und die Juden waren ihrerseits im Recht, da sie überleben, physisch als Volk und als Menschen überleben wollten, und sich, um zu überleben, mit der Arbeit an das Land ihrer Hoffnung klammerten.

Denn die Vernichtung des europäischen Judentums durch Adolf Hitler war nur der letzte Akt einer Tragödie, die viel früher begonnen hatte, einer Jahrhunderte währenden Tragödie, ohne die der Zionismus niemals entstanden wäre.

Das erkannten auch die Vertreter der meisten Völker der Welt, als nach dem Ende des Zweiten Weltkriegs das Ausmaß jenes wahnsinnigen Wutanfalls sichtbar wurde, den man heute Holocaust nennt. Mit den Stimmen des Westens u n d des

Ostblocks votierte das Weltgewissen in der Vollversammlung der Vereinten Nationen für das Lebensrecht Israels.
Mit Holocaust und dem UNO-Beschluß vom November 1947 aber begann die letzte kritische Phase der Geburt des jüdischen Staates.

Zwischen Utopie und Wirklichkeit

Die Zionisten der ersten Stunde erinnerten an die Männer des Auszugs aus Ägypten. Sie träumten von einer heilen und reinen Welt, die sie im Lande der Bibel aufbauen wollten, von einer idealen Gesellschaft, die gerechter sein sollte als die, die sie hinter sich ließen. Im Land ihrer Träume sollte es keine Unterdrückung, keine Ausbeutung eines Menschen durch einen anderen, eines Volkes durch ein anderes geben. In ihren Vorstellungen verwoben sich uralte messianische Träume mit den Idealen neuzeitlicher Aufklärung.
Sie dachten — allen gegenteiligen Behauptungen zum Trotz, die von Leuten stammen, die vom Zionismus keine Ahnung haben — nicht im Traum an einen Konflikt mit den Arabern. In Herzls "Altneuland" herrscht Toleranz zwischen Juden und Arabern. Und da die Kräfte aufgezählt werden, die Altneuland schufen, fallen die Worte: "Die gegenseitige Duldung." — Auch Gordon warnte davor, das Recht der Araber auf den Boden, auf dem sie saßen, zu ignorieren. Er meinte, daß sich die jüdische Arbeit hauptsächlich in der Erschließung des noch nicht kultivierten Landes bewähren müsse. Er glaubte, daß echte, selbstbewußte, nicht kriecherische Toleranz und Wahrhaftigkeit den Weg zu einem gemeinsamen Leben und zu gemeinsamer Arbeit ebnen, die beiden Völkern zum Wohle gereichen.
Einige angesehene Zionisten, wie die Philosophen Martin Bu-

ber und Hugo Bergmann, wie J. L. Magnes, der erste Rektor der 1925 gegründeten Hebräischen Universität in Jerusalem, und Meir Jaari, der Führer des linken Flügels der Arbeiterbewegung, suchten das Gespräch mit den Arabern und plädierten sogar für den Verzicht auf den jüdischen Nationalstaat. Sie erstrebten einen binationalen jüdisch-arabischen Staat. Da sie im anderen Lager keine Gesprächspartner fanden, sahen sie sich zuletzt im eigenen Lager isoliert.

Was man ihnen vorwerfen kann, ist gewiß nicht rassistische Voreingenommenheit, sondern Naivität. Eine Naivität, die ihrem in der europäischen Welt entstandenen utopischen Idealismus entsprang.

In der Wirklichkeit des jüdischen Staates ließen sich die hehren Ideale des Zionismus nicht realisieren. Die Wirklichkeit auf eigenem Territorium, um das das Volk hart kämpfen mußte, sah anders aus als die Utopie der Idealisten, die an ein auserwähltes Volk und an ein Musterland in ethischer und sozialer Hinsicht geglaubt hatten. Die Wirklichkeit des Realpolitikers David Ben Gurion war so verschieden von den Idealen Herzls und Bubers wie die Wirklichkeit König Davids von den in der Wüste für ein Volk ohne Land erdachten Idealen Moses. Wollte Mose "ein Volk von Priestern", so wollte David — der König und der Staatsgründer Israels — ein Volk wie alle Völker dieser Erde, ein Volk, das nicht nur Priester, sondern auch Soldaten besitzt, neben Dichtern und Denkern auch Diebe und Dirnen.

In diesem Zusammenhang ist es sicher bemerkenswert, daß man in Israel die Generation derer, die aus der alten Welt kamen und innerlich noch zerrissen sind zwischen hier und dort, nach dem biblischen Vorbild die "Wüstengeneration" nennt und daß die Generation der in Israel Geborenen ganz anders ist. Sie sind kühler, nüchterner, sachlicher, realistischer, auch härter, stachliger und skrupelloser als ihre idealistischen Väter. Es ist ein Geschlecht, das die Väter nicht versteht, die sich gegen ihre Verfolger nicht gewehrt haben, und das sich selbst seiner Haut zu wehren weiß. Diese jungen Israelis haben weniger Identitätsprobleme als ihre Eltern; sie kämen nie auf die Idee, sich ihres Judentums zu schämen. In ihnen erst ist der Antisemitismus überwunden.

Der dreißigjährige Krieg

Im Mai 1948 erlosch das britische Mandat für Palästina, das nach dem Beschluß der UNO in eine Art Föderation aus einem jüdischen und einem arabischen Staat umgewandelt werden sollte. Am 14. Mai proklamierte Ben Gurion in Tel Aviv die Unabhängigkeit des Staates Israel. Die arabische Welt war jedoch nicht gewillt, die Existenz des jüdischen Staates hinzunehmen. Am 15. Mai marschierten Truppen aus Ägypten im Süden, aus Transjordanien und dem Irak im Osten und aus Syrien und dem Libanon im Norden in das Staatsgebiet Israels ein, dessen Armee noch im Aufbau begriffen war. Sie wollten den jungen Staat, kaum hatte er das Licht der Welt erblickt, auslöschen.

Die Jordanier belagerten Jerusalem und schnitten die Stadt vom Rest des jüdisch besiedelten Territoriums ab. Die irakische Armee durchquerte die Küstenebene bis auf 15 km vom Mittelmeer und drohte Israel in zwei Teile zu zerschneiden. Die Ägypter eroberten Beersheba, die alte Stadt Abrahams, und stießen durch den Negev bis auf einen Punkt vor, der nur 30 km von Tel Aviv entfernt war. Sie rechneten mit einem raschen Sieg.

Die junge israelische Armee aber, von tüchtigen Kommandeuren geführt, leistete unerwarteten Widerstand. Vor den

Toren von Tel Aviv und Jerusalem setzte sie zum Gegenschlag an. Die ägyptischen Truppen wurden in schweren, für beide Seiten verlustreichen Kämpfen, die bis zum Januar 1949 dauerten, in das Sinai-Gebiet zurückgedrängt. Nur der Gasa-Streifen, der nach dem UNO-Beschluß zum arabischen Teil von Palästina gehören sollte, blieb in ägyptischem Besitz.
Im Februar wurde unter der Regie der UNO auf Rhodos der Waffenstillstandsvertrag zwischen Ägypten und Israel unterzeichnet. Der erste Artikel des Vertrags lautete: "Der Abschluß eines Waffenstillstands zwischen den Streitkräften beider Parteien wird von ihnen als unumgänglich notwendiger Schritt zur Beendigung des bewaffneten Konflikts und der Wiederherstellung des Friedens angesehen."
Zum Frieden kam es jedoch nicht. Der Kriegszustand zwischen Ägypten und Israel dauerte dreißig Jahre — eine Kette von immer wieder ausbrechenden Kampfhandlungen und zeitweiligen Waffenstillständen.
Nach dem ersten Waffengang ereigneten sich in den beiden Ländern innere Umwälzungen, die im einen Fall die soziale, im anderen die politische Landschaft von Grund auf veränderten.
Auf Israel kam eine Flut von jüdischen Flüchtlingen zu, durch die sich die Zahl seiner jüdischen Einwohner, die in der Geburtsstunde des Staates bei 650 000 lag, in wenigen Jahren verdreifachte. Zunächst waren es die heimatlosen Menschen, die Holocaust in den Lagern, im Untergrund, in Verstecken oder anderswo überlebt hatten. Viele von ihnen waren noch während der britischen Herrschaft über Palästina in kleinen Schiffen und Booten aufgebrochen, um sich in das Land ihrer Hoffnung durchzuschlagen, waren aber vor der Küste Palästinas von der Marine der Mandatsmacht abgefangen und in andere Länder deportiert worden. Der Staat Israel nahm sie alle

ohne Beschränkung, ohne auch nur die ökonomischen und sozialen Voraussetzungen für die Eingliederung der Neueinwanderer in die israelische Gesellschaft zu prüfen, auf.
Die zweite große Einwanderungswelle kam als Folge des israelisch-arabischen Konflikts aus den arabischen und moslemischen Ländern des Orients, vor allem aus dem Irak, dem Jemen, Libyen und Marokko. Die Integration dieser orientalischen, arabisch sprechenden Juden, die sich in ihrer Mentalität und Kultur, ihren Sitten und Gebräuchen erheblich von den "alteingesessenen" europäischen Juden unterschieden, war die größte Bewährungsprobe für den jungen Staat, der — das war seine Stärke — in jenen Jahren des Anfangs und Aufbaus viel improvisierte und experimentierte. Sie wurden zunächst in Lagern untergebracht, die kaum besser waren als die Lager der arabischen Flüchtlinge in den von Jordanien und Ägypten annektierten Gebieten Palästinas. Im Gegensatz zu diesen aber wurden die jüdischen Opfer des israelisch-arabischen Konflikts in ihrer neuen Heimat integriert. Die hebräische Sprache, die die arabischen Juden spielend lernten und bald besser sprachen als ihre aus Europa stammenden Lehrmeister, sowie der ständige Druck von außen, die äußerste Anspannung der Kräfte, die Israel abverlangt wurde, förderten ihre Eingliederung in die israelische Gesellschaft. Bald wurden auch Ehen geschlossen zwischen blonden jungen Männern aus Polen oder Ungarn und dunkelhäutigen, schwarzhaarigen Mädchen aus dem Irak oder Jemen, die sich nicht selten in der Armee kennengelernt hatten, die für die Israelis im wahrsten Sinne des Wortes eine Schule der Nation war.
In Ägypten — auch hier spielte die Armee eine große Rolle — fand zur gleichen Zeit die "Revolution der freien Offiziere" unter General Nagib gegen den korrupten, wegen seines aus-

schweifenden Lebensstils im Volk höchst unbeliebten König Faruk und die Monarchie statt. 1952 wurde der König aus dem Lande gejagt, 1953 die Republik proklamiert, 1954 wurde, nach Nagibs Absetzung, Gamal Abd el-Nasser, ein Oberstleutnant, der sich in den Kämpfen gegen Israel ausgezeichnet hatte, Ministerpräsident, 1956 Staatspräsident auf Lebenszeit.

Die Revolution von 1952 richtete sich nicht nur gegen die Monarchie, sondern auch gegen den politischen und wirtschaftlichen Einfluß der Engländer, die Faruk unterstützt hatten, gegen den Einfluß der wegen ihrer kolonialistischen Praktiken verhaßten Europäer überhaupt. Sie hatte, wie es in der Deklaration von 1953 heißt, "das Ziel, Ägypten und die Ägypter aus den Fesseln des Feudalismus und Imperialismus zu befreien". Sie führte nicht — wie in Israel, das sich von Anfang an für das demokratische System mit Parteien und Parlament entschieden hatte — zur Bildung einer parlamentarischen Demokratie westlichen Stils, sondern zur Herrschaft einer Militärjunta, aus deren Mitte der Staatspräsident, der sich in Volksabstimmungen bestätigen ließ, gewählt wurde.

Nasser verstaatlichte nicht nur die im ausländischen Besitz befindliche Industrie, die Banken und Versicherungen, sondern auch den von einer französisch-englischen Gesellschaft kontrollierten Suezkanal. Dies war die schärfste Kampfansage an den westlichen Imperialismus. Sie brachte den Antikommunisten Nasser, der auf eine moslemische Form des Sozialismus setzte, ins Lager der Sowjetunion — und Israel, das bislang einen neutralen Kurs zwischen den großen Blöcken gesteuert, das in seinem Befreiungskrieg seine Waffen sogar aus dem Ostblock bezogen hatte, ins Lager des Westens.

Aus dieser Konstellation entwickelte sich der zweite Waffengang zwischen Ägypten und Israel. Angesichts der Einkreisungspolitik, die Nasser durch Militärabkommen mit Syrien und Jordanien gegen Israel trieb, und der massiven Waffenlieferungen der Sowjetunion an Ägypten und Syrien, verbündete sich Israel mit Frankreich, das seine Interessen in Nordafrika durch die Räumung des Suezkanals gefährdet sah. Gemeinsam mit Großbritannien starteten sie 1956 eine militärische Operation, in deren Verlauf die englischen und französischen Truppen die Kanalzone, die Israelis aber den Gasa-Streifen und die Sinai-Halbinsel besetzten.

Anders als im Unabhängigkeitskrieg Israels, in dem es sich allein gegen eine Überzahl von Feinden verteidigen mußte, war der jüdische Staat im Sinai-Krieg, der wegen des Bündnisses mit den alten Kolonialmächten auch in Israel selbst nicht unumstritten war, der Angreifer. Da Amerika dem Unternehmen seiner europäischen Verbündeten zudem seine Unterstützung versagte, war auch der politische Nutzen der militärischen Operation gering. Die besetzten Gebiete mußten wieder geräumt werden und an den neuralgischen Punkten des Sinai und des Gasa-Gebiets wurden Truppen der Vereinten Nationen stationiert. Sie hatten die Aufgabe, den Ausbruch erneuter Feindseligkeiten zwischen Ägypten und Israel zu verhindern und die freie Durchfahrt vom Roten Meer in den Golf von Akaba zum israelischen Hafen Eilat, die Nasser am Südende des Golfs blockiert hatte, zu garantieren.

Nassers Großmachtsträume

Nach diesem Erfolg in der Auseinandersetzung mit dem westlichen Imperialismus erstrebte Nasser für Ägypten die Vormachtstellung in der ganzen arabischen Welt und als Mittelpunkt des arabischen Raums den Vorrang in der islamischen

Welt und in Afrika. Darüber hinaus sollte das Nilland eine besondere Rolle im Bund der blockfreien Staaten spielen, an dessen Gründung Nasser entscheidend mitgewirkt hatte.
Ägypten wurde zum Sprecher der Araber in der Arabischen Liga, die ihren Sitz seit ihrer Gründung in Kairo hatte und unter Nasser ihren weltweiten Wirtschaftsboykott gegen den Erzfeind Israel verschärfte.
Ein Schritt zu einem großarabischen Reich, das den Glanz der Fatimidenherrschaft in Kairo wieder erstrahlen lassen sollte, war der 1958 erfolgte Zusammenschluß Ägyptens mit Syrien, Israels feindlichem Nachbarn im Norden, zur Vereinigten Arabischen Republik, der — wie Nasser bei der Hochzeitsfeier der beiden Länder erklärte — jeder andere arabische Staat beitreten konnte. Es war eine schlechte Ehe, die wegen der unterschiedlichen geographischen, historischen, wirtschaftlichen und kulturellen Voraussetzungen in beiden Ländern zum Scheitern verurteilt war. Drei Jahre nach der Fusion löste Syrien sie wieder auf. Trotzdem hielt Nasser an dem Kunstnamen, den er seinem Reich gegeben hatte, auch für das auf seine natürlichen Grenzen reduzierte Ägypten fest — als Symbol für eine Idee und ein Programm, das über Ägypten hinausging, dem dieses Ägypten aber nicht gewachsen war.
Auch Nassers Engagement auf seiten der Revolutionäre im jemenitischen Bürgerkrieg endete mit einem Mißerfolg und dem Rückzug seiner Truppen, die dem arabischen Sozialismus auch in Asien zum Sieg verhelfen sollten. Es war wie in der Frühzeit Ägyptens: aus jedem Versuch, sich in Asien erobernd einzumischen, ging es geschwächt hervor.
Selbst Nassers größte Leistung für Ägypten, der Bau des neuen, erweiterten Assuan-Staudammes, ist in seiner Auswirkung auf das Nilland selbst nicht unumstritten. Zum einen vertiefte der von russischen Ingenieuren erstellte Damm die Abhängig-

keit des sich gerne als Sprecher der Dritten Welt präsentierenden Ägypten von der Sowjetunion. Zum anderen scheint sich die Bändigung des Nil, jener einst göttlich verehrten Urkraft, der Ägypten das Leben verdankt, negativ auf die Überschwemmungen und Ablagerungen des fruchtbaren Schlamms auszuwirken, die seit Menschengedenken die Voraussetzung für Ägyptens Wohlstand bildeten. Denn trotz Nassers Industrialisierungsbemühungen ist Ägypten ein Bauernland geblieben, dessen Menschen noch heute vom Nil abhängig sind — mehr als von den Ingenieure und Militärberater entsendenden Großmächten.

Unter dem Führungsanspruch Kairos litten die Beziehungen Ägyptens zu vielen arabischen Staaten, vor allem zu den von monarchistischen Herrschern regierten; der Hauptfeind aber war und blieb für Nasser Israel. "Das arabische Nationalziel", sagte er, "ist die Ausrottung Israels."

Deshalb brach Nasser die diplomatischen Beziehungen zur Bundesrepublik Deutschland ab, als Bonn 1965 auf Botschafterebene Kontakte mit dem jüdischen Staat knüpfte. Und als Syrien von den Golanhöhen aus einen zermürbenden Kleinkrieg gegen die Bevölkerung Galiläas vom Zaun brach, schloß er einen Militärpakt mit Israels nördlichem Nachbarn, dem auch der von Nasser lange geschmähte König Hussein von Jordanien beitrat.

Im Mai 1967 konzentrierte Nasser den größten Teil seiner Armee im Sinai unweit der israelischen Grenze, forderte den Abzug der zwischen den feindlichen Linien trennenden Sicherheitstruppen der UNO, der aus unbegreiflichen Gründen auch sofort erfolgte, und sperrte die Meerenge von Tiran am Südende der Sinai-Halbinsel für die nach Israel fahrenden Schiffe.

Israel unter dem eher zaudernden Ministerpräsidenten Eschkol wartete angesichts der seine Existenz bedrohenden Eskalation der Kriegsvorbereitungen auf eine Aktion der Großmächte oder der Vereinten Nationen. Die Amerikaner versprachen, ein Schiff nach Eilat zu schicken, um die Blockade zu durchbrechen. Aber es geschah nichts. Die Welt stand der erhöhten Spannung, die zum Krieg führen mußte, ohnmächtig gegenüber.

"Das arabische Volk will kämpfen", sagte Nasser in einer Rede am 26. Mai. "Wir haben auf den richtigen Tag gewartet, an dem wir vollauf vorbereitet sind. Jetzt fühlen wir uns stark genug, um mit Gottes Hilfe zu triumphieren, wenn wir in den Kampf mit Israel eintreten. Auf dieser Grundlage haben wir uns entschlossen, die gegenwärtigen Maßnahmen zu ergreifen. Mit diesem Schritt ist es unumgänglich, daß wir einen totalen Krieg mit Israel beginnen."

Am 5. Juni kam ihm Israel zuvor. In sechs Tagen vernichtete die israelische Armee die ägyptische Luftwaffe, stieß durch die Sinai-Wüste zum Suezkanal vor, öffnete die Meerenge von Tiran für die Schiffahrt, eroberte den von Jordanien annektierten Teil Palästinas mit der Altstadt von Jerusalem und den Gasa-Streifen und besetzte die syrischen Golanhöhen mit den Jordanquellen. Der Jordan und der Suezkanal wurden als neue Waffenstillstandslinien festgelegt.

Nach dem Debakel in dem von ihm selbst provozierten Sechstagekrieg bot Nasser dem ägyptischen Volk seinen Rücktritt an. Natürlich nahm das Volk, dem die demokratischen Mittel zur Artikulierung seiner Meinung und die Möglichkeit einer Alternative vorenthalten waren, den Rücktritt nicht an.

Nassers Haltung gegenüber Israel aber verhärtete sich nach der als Demütigung empfundenen Niederlage noch mehr. In der Gipfelkonferenz der arabischen Staatschefs, die noch im selben Jahr in Khartum unter seiner Leitung stattfand, wurde

beschlossen: Kein Frieden mit Israel, keine Verhandlungen mit Israel, keine Anerkennung Israels! Und da sich Israel dem Druck der Vereinten Nationen, die es zum Rückzug auf die alten Grenzen ohne vorherige Friedensverhandlungen mit den arabischen Staaten drängten, nicht beugte, rüstete er die ägyptische Armee mit sowjetischer Hilfe wieder auf und startete 1968 am Suezkanal einen Zermürbungskrieg, der sich über zwei Jahre hinzog.
Mit dem Zermürbungskrieg, der durch sporadische Operationen der palästinensischen Guerilleros in den von Israel besetzten Gebieten unterstützt wurde, schnitt sich Nasser jedoch ins eigene — oder besser gesagt: ins ägyptische — Fleisch. Die massiven Angriffe der ägyptischen Artillerie vermochten die Israelis nämlich nicht aus ihren Stellungen am Suezkanal zu drängen; ihre Gegenangriffe aber verwüsteten die Städte und Industrien in der Kanalzone, deren Bevölkerung evakuiert werden mußte. Die Wasserstraße selbst, die Nasser für die internationale Schiffahrt sperrte, deren Einnahmen für die ägyptische Wirtschaft verlorengingen, begann zu versanden.

Der Wendepunkt

Nasser starb im Jahre 1970. Sein Nachfolger als Präsident der Vereinigten Arabischen Republik wurde Anwar es-Sadat, einer der Mitbegünder der Vereinigung der freien Offiziere und seit 1969 Vizepräsident unter Nasser.
In den ersten Jahren seiner Regierung bemühte sich Sadat um die Wiedereröffnung des Suezkanals und den Wiederaufbau der verwüsteten Kanalzone. Anders als Nasser ließ er sich auf indirekte Verhandlungen mit Israel ein, die allerdings an den übertriebenen Bedingungen der beiden Parteien scheiterten.

In diesen ersten Verhandlungen deutete sich ein Wendepunkt in der ägyptischen Politik an, der zugleich einen Wendepunkt in der Geschichte der ägyptisch-israelischen Beziehungen markiert. In dieselbe Richtung zielte auch Sadats Haltung im Streit mit Oberst Khaddafi von Libyen, einem Todfeind des jüdischen Staates, der sich fieberhaft bemühte, Nassers panarabischen Bestrebungen mit dem Plan einer ägyptisch-libyschen Union neues Leben einzuhauchen. Sadat verhinderte die Union, der es angesichts der divergierenden Interessen der beiden Partner, der Länder und ihrer Staatschefs — Khaddafi war ein radikaler, Sadat ein gemäßigter, zum Gespräch mit den "Todfeinden des Islam" bereiter Moslem — sicher nicht besser ergangen wäre als Nassers Allianz mit Syrien.

Das war 1972. Im gleichen Jahr, in dem sich Ägypten übrigens auch zur Wiederaufnahme der diplomatischen Beziehungen zur Bundesrepublik Deutschland entschloß, schickte Präsident Sadat den größten Teil der auf ägyptischem Boden tätigen militärischen Berater in die Sowjetunion zurück. Durch diesen mutigen Schritt befreite er das Nilland weitgehend von der Abhängigkeit von der sowjetischen Weltmacht, in die es unter Nasser geraten war.

Trotzdem wagte Sadat am 6. Oktober 1973 einen Angriff gegen die israelischen Stellungen am Suezkanal, der die festgefahrenen Positionen der verfeindeten Parteien — nicht nur in strategisch-militärischer Hinsicht — in Bewegung brachte. Dieser Angriff, der am Jom-Kippur, dem jüdischen Versöhnungstag, begann, war nicht mit großen kriegerischen Reden, wie Azzam Pascha, der Generalsekretär der Arabischen Liga während des Krieges von 1948/49, und Präsident Nasser sie zu halten pflegten, angekündigt worden. Er traf Israel und das Kabinett der Ministerpräsidentin Golda Meir am höchsten jüdischen Feiertag völlig unvorbereitet. Zum ersten Mal gelang es den Ägyptern, die feindlichen Linien zu durchstoßen und den Israelis, deren Überlegenheit in den diversen Feldzügen des dreißigjährigen Krieges zum arabischen Trauma geworden war, eine Niederlage beizubringen. Tausende von ägyptischen Soldaten und Panzern überquerten den Kanal, fügten den von dem massiven Angriff überraschten Israelis schwere Verluste bei und besetzten einen Landstreifen am Ostufer der Wasserstraße.

Zwar gelang es den Israelis, eine Woche nach Ausbruch des Jom-Kippur-Krieges den ägyptischen Angriff zu stoppen und eine Gegenoffensive über den Suezkanal hinweg ins Innere des Nillandes zu führen, durch welche die ägyptische Armee zur Feuereinstellung gezwungen wurde; der Schock aber, den der erfolgreiche Überraschungsangriff der Ägypter in Israel ausgelöst hatte, war nicht so leicht zu überwinden. Nach der Friedenskonferenz von Genf, in der zwischen Ägypten und Israel ein Abkommen über die Trennung der Streitkräfte erzielt wurde, dankte der israelische Generalstabschef ab und wenige Tage danach reichte auch Golda Meir ihren Rücktritt ein. Israel zog sich vom Ufer des Suezkanals zurück und überließ Ägypten 1976 einige der wichtigen Sinai-Pässe sowie die Ölfelder von Abu Rodeis.

Noch gravierender vielleicht war die Auswirkung des Jom-Kippur-Krieges auf Ägypten und die Ägypter. In diesem Krieg war zum ersten Mal der Mythos von der Unbesiegbarkeit der Israelis in Frage gestellt worden. Zum ersten Mal hatten die Araber unter ägyptischer Führung zu einer bisher nur in großen Worten beschworenen Solidarität zusammengefunden. Das stärkte das Selbstbewußtsein des ägyptischen Volkes, sein Vertrauen in die eigenen Kräfte.

Dieser Wandel wurde evident, als Sadat am 5. Juni 1975, am

achten Jahrestag des Ausbruchs des Sechstagekriegs, in dem Ägypten eine der tiefsten Demütigungen seiner Geschichte erlitten hatte, den Suezkanal wiedereröffnete. Mit dem Datum, das er für die Wiederbelebung der Verkehrsader wählte, setzte Präsident Sadat ein Zeichen, ein Zeichen für seinen Willen, die Lethargie und die Abhängigkeit von Allah und der Großmacht, der sich Nasser auf Gedeih und Verderb verschrieben hatte, zu beenden und ohne Angst vor neuen Verwüstungen, die ein neuer Waffengang verursacht hätte, den lahmgelegten Handel, die verödeten Städte, die zerstörten Industrien wiederaufzubauen.

Sadat wollte keinen Krieg. In seinen Augen war nicht Israel Ägyptens Hauptfeind, sondern die soziale Not im eigenen Volk, die Arbeitslosigkeit, der Leerlauf in der Wirtschaft, die Trägheit der Behörden. Er hatte eine Schlacht im Krieg gewonnen; nun konnte er es wagen, den Frieden zu gewinnen.

Dialog der Feinde

Vor dem bislang letzten Akt in der fast viertausendjährigen Geschichte der Beziehungen Ägyptens und Israels sollen zwei Menschen zu Wort kommen, Vertreter der beiden Völker, die nicht als Politiker Geschichte machten: ein Israeli und eine Ägypterin, die nach dem Jom-Kippur-Krieg in einen Dialog traten, der 1974 unter dem Titel "Dialog der Feinde" veröffentlicht wurde.

Amos Elon, ein israelischer Schriftsteller, und Sana Hassan, eine ägyptische Politologin, lernten sich und die Publikationen des Gesprächspartners in Amerika kennen. Sie wunderten sich, daß ihre Meinungen zum Nahostkonflikt gar nicht so weit auseinanderklafften, wie sie es sich vorgestellt hatten. Bald wollten sie mehr voneinander wissen.

"Wir sind in diesem Nicht-voneinander-Wissen viel zu weit gegangen", sagt Elon. "Die Tragik unseres Konflikts, die einen manchmal an einer Lösung verzweifeln läßt, ist, daß dieser völlige Mangel an Kommunikation nicht nur zwischen den Menschen unserer Länder herrscht, sondern auch zwischen unseren Regierungen. Unsere Politiker haben einander nie getroffen, unsere Diplomaten nie miteinander verhandelt, sie haben nie die Gelegenheit gehabt, einander kennenzulernen, sich mit den Ängsten, den Hoffnungen, den Leidenschaften vertraut zu machen, die uns als Politiker und als Menschen leiten. Es scheint, als könnten wir immer nur als Mörder oder Opfer zusammentreffen."

Während ihres Streitgesprächs stellen Sana Hassan und Amos Elon immer wieder fest, wie starr, wie festgefahren ihre Positionen sind, wie wenig sie sich bisher bemühten, die andere Seite wirklich zu verstehen, sich in die Befürchtungen und Ängste des anderen hineinzufühlen: in die Ängste des Ägypters vor der technischen und organisatorischen Überlegenheit des aus Europa kommenden, als eine Spielart des Imperialismus empfundenen Zionismus; und in die Ängste des Israeli vor einem neuen Auschwitz, vor der Vernichtung durch die fanatisierten arabischen Massen.

"Ich selbst stimme nicht mit der allgemeinen arabischen Meinung überein", sagt Frau Hassan, "daß man die Araber allein für die Verbrechen des europäischen Antisemitismus bezahlen lasse. Eine solche Haltung scheint mir unmoralisch und gefühllos. Wir sind schließlich alle Teil derselben Menschheit und sind füreinander verantwortlich. Unglücklicherweise sehen das die wenigsten Araber so. Sind es blinde Kräfte? Ich weiß es nicht. Mir scheint es eher, daß die Araber ebenso auf das Trauma ihrer Geschichte reagieren wie ihr auf das eure und euch die Rolle des imperialistischen Schurken zuteilen."

Hier wird die menschliche Aufgeschlossenheit für die Probleme des anderen sichtbar, die für die Lösung großer Konflikte im allgemeinen und des arabisch-israelischen Konflikts im besonderen erforderlich ist. Diese große menschliche Aufgeschlossenheit erhält eine ganz persönliche Note, wenn die Ägypterin zum Beispiel angesichts der Erzählung ihres israelischen Gesprächspartners über den Sechstagekrieg, in dem er selbst als Reservist am Suezkanal mitkämpfte, ausruft:
"Um Himmels willen, Amos, Sie waren dort? Das ist ja furchtbar; Sie hätten ja fallen können!" Und als er erwidert, daß es Menschen waren, die in jenem Krieg gegeneinander kämpften, nicht seelenlose Roboter, und daß viele von ihnen starben, sagt sie: "Ich weiß schon, aber vorher schien das alles so abstrakt. Jetzt, wo ich Sie kennengelernt habe, ist alles anders und beunruhigend... Irgendwie fühle ich mich heute zum ersten Mal schuldig, als Araberin schuldig, sozusagen."

Hier werden zwei Menschen reif zu einer moralischen Verantwortung, in der die Schuld nicht immer beim anderen liegt und das Recht beim eigenen Volk. Diese Reife erlaubt ihnen, sich die Frage zu stellen, was sie tun würden, wenn sie die politische Verantwortung für ihr Land und ihr Volk tragen würden.
"Wäre ich Präsident", sagte Frau Hassan, "würde ich versuchen, das Mißtrauen zu durchbrechen, indem ich Israelis einladen würde, nach Ägypten zu kommen, und Ägypter nach Israel schicken würde. Ich würde Israelis in unseren Zeitungen ihren Standpunkt erklären lassen, und auch in euren Zeitungen sollten Ägypter schreiben dürfen. Ich würde Telefon- und Postverbindungen eröffnen, um eure Ängste zu zerstreuen und euer Vertrauen zu gewinnen."
Und Elon erklärte angesichts dieser noblen Geste, er würde als israelischer Premier die israelischen Truppen aus den im Jahr

1967 eroberten Gebieten mit Ausnahme Jerusalems zurückziehen. Und da sie sich der politischen Verantwortung bewußt werden, entdecken die beiden Gesprächspartner Gemeinsamkeiten. Sie entdecken, daß sie beide einen echten Frieden und gleichzeitig die Befreiung von der Bevormundung durch die Großmächte wollen.

In diesem bemerkenswerten Dialog kommt auch das Problem der Identität der Gesprächspartner zur Sprache. Amos Elon sieht das Problem auf israelischer Seite im Unterschied zwischen den aus Europa eingewanderten Gründern und den Söhnen, die "nichts über München wissen"; er sieht die Chance einer sachlicheren, pragmatischeren Einstellung bei der jungen, in Israel aufgewachsenen Generation, die Chance, daß sie von der Last der Geschichte, die zuletzt zum Trauma wurde, frei wird.

Und Sana Hassan stellt die ägyptische Identität gegen die der Syrer, die — ein Mosaik ethnischer Gruppen, religiöser Sekten und widersprüchlicher regionaler Loyalitäten — "schon immer Schwierigkeiten hatten, sich nur als Syrer zu fühlen" und "ihre schwache nationale Identifikation mit einem um so extremeren panarabischen Nationalismus kompensieren". Die Ägypter sind anders:

"In Ägypten sind wir oft zuerst Ägypter und dann erst Araber; die ägyptische Identifizierung mit dem Arabertum ist erst jüngeren Ursprungs, sie stammt eigentlich erst von Nasser. Deshalb erwacht ja der ägyptische Isolationismus jedesmal von neuem, wenn die Beteiligung an arabischen Angelegenheiten wieder einen Rückschlag bringt."

Es ist gewiß kein Zufall, daß dieses erste Gespräch über die geschlossenen Grenzen, über die Barrieren von Haß und Mißtrauen hinweg, zwischen einem engagierten Schriftsteller und einer literarisch interessierten und begabten Intellektuellen

geführt wurde, zwischen zwei Menschen, die sowohl das Leid des anderen zu sehen als auch von einer anderen Welt zu träumen imstande sind, in der Ägypter und Israelis ohne Angst und Krieg miteinander leben. Irgend jemand muß anfangen, utopische Träume zu träumen, damit eine humanere Wirklichkeit entstehen kann.
Der Israeli Elon und die Ägypterin Hassan sind Dichter, die die Geschichte ebenso ernst nehmen wie die Politik. Sie fragen sich: "Wie können wir die Literatur in die Politik übersetzen?"

Der Weg zum Frieden

Frau Hassan erinnert in dem Dialog ihren Gesprächspartner an die Friedensgesten, die Präsident Sadat seit seiner Amtsübernahme initiiert und die Israel nicht wahrgenommen und nicht beantwortet habe. Er hatte sich von den unversöhnlichen Formulierungen Nassers distanziert, für den Verhandlungen mit Israel undenkbar waren. Er hatte seine Zustimmung zum amerikanischen Rogers-Plan gegeben, der Israel zumindest die De-jure-Anerkennung gesichert hätte. Er wollte Frieden, um sein Land, das bei Nassers Tod vor dem totalen Ruin stand, zu sanieren und um es von den Sowjets unabhängig zu machen.
Nach dem Jom-Kippur-Krieg setzte die Friedensdiplomatie des amerikanischen Außenministers Henry Kissinger ein, der einige Wochen lang fast täglich zwischen Ägypten und Israel hin- und herreiste. Sadat unterstützte Kissingers Friedensdiplomatie, die zunächst zu den angestrebten Truppenentflechtungsabkommen und zur Befriedung der Kanalzone führte, dann aber angesichts der politischen Schwächung Amerikas

23 19.11.1977: Israels Premier Begin empfängt den ägyptischen Präsidenten Sadat am Flughafen in Tel Aviv. (Archiv der Botschaft des Staates Israel, Bonn)

24 Sadat im Gespräch mit Golda Meir, seiner Rivalin im Jom-Kippur-Krieg. (Archiv der Botschaft des Staates Israel, Bonn) durch den Watergate-Skandal ergebnislos stockte; er setzte sich entschiedener für den Friedensprozeß ein als die israelische Regierung, in der sich nach Golda Meirs Rücktritt 1974 der Generationswechsel vollzog, von dem sich Amos Elon die Überwindung der politischen Stagnation in Israel erhofft hatte.

Nun hat es ein mit allen Machtbefugnissen ausgestatteter Staatspräsident, der ohne Rücksicht auf eine gewählte Volksvertretung regieren kann, ein siegreicher Präsident zumal, der seine politischen Rivalen ausgeschaltet hatte, natürlich leichter als der von einem Vielparteienparlament gewählte, durch Koalitionen mit anderen Parteien vielfach gebundene Regierungschef eines demokratischen Staates. Jizchak Rabin, der neue israelische Premier, mußte nicht nur mit den Falken in seiner Arbeiterpartei und der mit ihr koalierenden Nationalreligiösen Partei rechnen, sondern auch mit einem Menachem Begin in der rechtsliberalen Opposition. Sie alle hätten ihn einen Verzichtspolitiker genannt und ihn des Verrats an den vitalen Interessen Israels bezichtigt, wenn er sich zu größeren Konzessionen gegenüber den arabischen Nachbarn bereitgefunden hätte.

Überdies war die Arbeiterpartei, die seit der Staatsgründung Israels Geschicke lenkte, wohl nicht der geeignete Partner für Verhandlungen mit den Arabern. Sie war in ihrer Sicherheitspolitik, in ihrer Einstellung zu den arabischen Ländern und zu den Palästinensern zwar gemäßigter als die meisten anderen Parteien; sie verkörperte jedoch von Anfang an, seit der "Eroberung der Arbeit" durch die Väter der israelischen Arbeiterbewegung, eine Haltung, auf welche die Araber stets allergisch reagierten. Das Selbstbewußtsein der Menschen, die das verödete Land mit ihrer Arbeit geprägt hatten, die moderne Siedlungen gegründet und sie hartnäckig verteidigt hatten, erschien den Arabern als unerhörte Arroganz, die ihren eigenen Stolz zutiefst verletzte. Das waren nicht die "Kinder des Todes", mit denen man aus einer Position der Stärke heraus handeln und verhandeln konnte. Hatte der ganze Konflikt nicht dreißig Jahre vor der Staatsgründung mit der Forderung der jüdischen Arbeiter begonnen, daß sie jede Arbeit, von der feinsten bis zur gröbsten, selbst verrichten müßten? Hätten sich die Juden nicht längst dem arabischen Orient und der in ihm herrschenden Mentalität angepaßt, wenn diese Forderung nicht erhoben und verwirklicht worden wäre? Wahrscheinlich wäre ohne sie der jüdische Staat gar nicht entstanden.

Es ist in diesem Zusammenhang interessant, daß Sadat in seinem autobiographischen Buch "Unterwegs zur Gerechtigkeit" den Namen von Rabin nicht einmal erwähnt, obwohl dieser immerhin Israels Generalstabschef in dem von Sadat detailliert beschriebenen Sechstagekrieg und Israels Regierungschef in der Zeit der intensiven Friedensbemühungen des ägyptischen Präsidenten war.

Die Lage änderte sich, als sich bei den israelischen Parlamentswahlen des Jahres 1977 ein kleiner Erdrutsch ereignete, der die Arbeiterpartei weitgehend verschüttete und den seit 29 Jahren in der Opposition stehenden Menachem Begin an die Macht brachte.

Hier muß ein Wort zur israelischen Demokratie gesagt werden. Es ist in der Tat ein Wunder, daß diese Demokratie in einem geographischen Raum, in dem es sonst keine wirkliche Demokratie gibt, in einem Land, in dem die Armee eine so wichtige Rolle spielt, in einem Volk, in dem so viele divergierende Meinungen aufeinanderprallen, überhaupt funktioniert. Trotz der ständigen Bedrohung von außen ist Israel ein ungewöhnlich zivil denkendes und agierendes Volk geblieben, in dem keine Meinung, und mag sie noch so verrückt oder radikal sein, unterdrückt, keine Partei, und mag sie antizionistisch sein wie die Kommunisten, verboten wird. Der Streit der Meinungen wird leidenschaftlich geführt — ein alter Witz sagt: wo zwei Juden zusammen sind, gibt es drei Meinungen —, die Solidarität aber, der Grundkonsens der freiheitlichen Ordnung, ist nie gefährdet. So wurde durch die Wahlen von 1977 die politische Landschaft zwar verändert, zu Erschütterungen des freiheitlichen und demokratischen Systems aber kam es nicht.

In der Außenpolitik aber gerieten durch die Wahl Begins die erstarrten Fronten in Bewegung. Begin ist — im Gegensatz zu dem in Israel geborenen, der Kibbuzbewegung nahestehenden Rabin — ein polnischer Jude, der das Bürgertum, den Mittelstand und alle mit der Macht der Gewerkschaft und ihren bürokratischen Auswüchsen Unzufriedenen vertritt. Mit ihm konnte Sadat ins Gespräch kommen.

Im Herbst 1977 fuhren beide, zuerst Begin, kurz danach Sadat, nach Rumänien, das als einziges Land des Ostblocks die diplomatischen Beziehungen zu Israel nach dem Sechstagekrieg nicht abgebrochen hatte. Sie führten lange Gespräche mit dem rumänischen Staats- und Parteichef Ceausescu. Dieser vermittelte zwischen den beiden Staatsmännern, mit denen ihn gute Kontakte verbanden. Er versicherte dem ägyptischen Präsidenten, daß Begin ein "starker Mann" sei und daß er eine friedliche Lösung des Nahostkonflikts wünsche.

Ceausescu hatte recht: Begin war ein starker Mann. Vor dem Hintergrund einer schwachen Opposition, die überdies im Konflikt mit den Arabern kompromißbereiter war als viele Abgeordnete seiner eigenen Partei, konnte er sich Schritte des Entgegenkommens erlauben, die seinen Vorgänger zu Fall gebracht hätten.

Sadat aber entschloß sich nach seinem Gespräch mit Ceausescu zu seiner denkwürdigen Friedensinitiative. Hatte er nicht versprochen, er wäre bereit, bis ans Ende der Welt zu gehen, um einen Frieden mit Israel zu erzielen? Wie konnte er da Israel selbst ausschließen? War nicht Jerusalem nach der biblischen Prophetie, auf die sich auch der Koran stützt, Anfang und Ende der Welt?

Sadats Reise nach Jerusalem

Nun überschlugen sich die Ereignisse. Vor dem ägyptischen Parlament erklärte Sadat seine Bereitschaft, selbst nach Israel zu gehen, wenn er dadurch den Tod eines einzigen Soldaten vermeiden könne. Er sagte, er wolle in der Knesset, dem israelischen Parlament in Jerusalem, zu den Repräsentanten des israelischen Volkes sprechen, um sie mit seiner Idee eines gerechten Friedens im Nahen Osten zu konfrontieren.
Die erste Reaktion in Kairo, in der ganzen arabischen Welt, in Israel, ja überall in der Welt war einhelliges verblüfftes Staunen. Meinte dieser Mann wirklich, was er sagte? War es vielleicht eine Finte, mit der er Freund und Feind täuschen wollte? War er lebensmüde? Im Kairoer Parlamentssaal saß während Sadats Rede Jassir Arafat, der Führer der Palästinenser, der Todfeind Israels. War es überhaupt möglich, über die Waffenstillstandslinien und die tiefen psychologischen Barrieren hinweg in das Land des Feindes zu gehen, in dessen Herz; war es möglich, dieses Herz unmittelbar anzusprechen und es für eine Wandlung zu bewegen, die in seinem eigenen Herzen gereift war? War dergleichen jemals vorher in der Geschichte geschehen?
Nach seiner Kairoer Rede flog Sadat nach Syrien, um mit Prä-

sident Assad über seine Friedensinitiative zu konferieren. Assad lehnte die Friedensinitiative jedoch strikt ab. Seinem Beispiel folgten die Staatschefs der meisten anderen arabischen Staaten. Auch der ägyptische Außenminister distanzierte sich von Sadat und reichte seine Demission ein. Sadat schien isoliert.

Nach Ägypten zurückgekehrt, empfängt Sadat aus den Händen des amerikanischen Botschafters die offizielle Einladung des israelischen Ministerpräsidenten. Zwei Tage später, am Abend des 19. November 1977, fast dreißig Jahre nach Ausbruch des israelisch-arabischen Konflikts, fliegt Sadat nach Israel.

Zum ersten Mal läuft auf dem Boden Israels das Zeremoniell eines Staatsbesuchs für den höchsten Repräsentanten eines arabischen Staates ab, mit dem sich Israel noch im Kriegszustand befindet. Zum ersten Mal wird die Hymne eines arabischen Staates vom Musikkorps der israelischen Armee gespielt. Alles, was Rang und Namen hat in Israel, das ganze Kabinett, die Führer der Opposition, der Armee, der Glaubensgemeinschaften, ist zum Empfang des nie erwarteten Gastes auf dem Flugfeld versammelt. Sadat begrüßt Golda Meir und Mosche Dajan, gegen die er im Jom-Kippur-Krieg gekämpft hatte, mit herzlichen Worten. Trotz der nächtlichen Stunde säumen Tausende von jubelnden, "Schalom" und "Salam" rufenden Menschen die Straße nach Jerusalem.

Am Morgen des 20. November betet Sadat in der Al-Aksa-Moschee auf dem Tempelberg. Er feiert mit den Moslems von Jerusalem das Große Bairam-Fest, das an Abrahams Opfergang zum Moria, der mit dem Tempelberg gleichgesetzt wird, erinnert. Der Sohn, an dessen Stelle ein Widder geopfert wurde, war nach jüdischer Tradition Isaak, nach moslemischer Überlieferung aber Ismael, der Erstgeborene. Versucht Sadat,

25 20.11.1977: Sadat betet am moslemischen Bairam-Fest in der El-Aksa-Moschee in Jerusalem. (Archiv der Botschaft des Staates Israel, Bonn)

über die streitenden Söhne und Religionen hinweg zum gemeinsamen Vater, zum Stammvater Israels und des Islam, zurückzugehen? Hat es symbolische Bedeutung, daß er ins Land des Feindes gerade am Tage jenes Festes ging, dessen ewige Botschaft lautet: Nie wieder soll Menschenblut fließen!?
Sadat besucht noch zwei Opferstätten in Jerusalem an diesem Morgen: die christliche Grabeskirche in der Altstadt und die jüdische Gedenkstätte auf dem Herzlberg, die an den Opfergang von Millionen von Juden während der Zeit des Dritten Reiches erinnert. Er kann sich der von den Israelis gewünschten Konfrontation mit der jüdischen Geschichte nicht entziehen.
Der Ernst dieses Besuchs steht im Gegensatz zu der heiteren Stimmung, die in Israel während dieser Staatsvisite herrscht, die wie ein Traum, wie ein Wunder erscheint. Kinder schwenken Fähnchen mit den israelischen und ägyptischen Farben. Junge und alte Leute tanzen vor Freude auf der Straße. Männer, die in drei Kriegen kämpfen mußten, klatschen spontan Beifall. Man erinnert sich des in der israelischen und in der ägyptischen Presse veröffentlichten Briefwechsels von Frau Gihan Sadat mit einer israelischen Mutter, die ihren Sohn im Krieg mit Ägypten verloren hat. Israel feiert den Mann, der sich anschickt, das Volk von dem Alptraum der ständigen Bedrohung und der Isolation zu befreien.
Am Nachmittag spricht Sadat im israelischen Parlament zu den Abgeordneten, und da seine Rede im Fernsehen übertragen wird, zum ganzen israelischen Volk. Zum ersten Mal sehen die Israelis an diesem Tag die Welt nicht, wie sie's gewohnt sind, im Schwarz-Weiß-Kontrast. Sie sind Zeugen der ersten Farbsendung der israelischen Television.
Nach dem ägyptischen Staatspräsidenten spricht der israelische Ministerpäsident Menachem Begin. Mit der Rede des

Oppositionsführers Shimon Peres wird die Parlamentssitzung beendet. Die Schwerpunkte sind in den verschiedenen Reden unterschiedlich gesetzt, doch der Wille zur Verständigung und zum Frieden bestimmt die Atmosphäre im Saal.
Es kommt zu geheimen Beratungen im engsten Kreis. Man einigt sich darauf, daß es keinen Krieg mehr zwischen Ägypten und Israel geben soll und daß die beiden Länder die Sicherheitsprobleme Israels und der arabischen Welt am Verhandlungstisch lösen werden. Das Gespräch zwischen den Arabern und den Israelis hatte auf höchster Ebene begonnen.
Die Israelis bewunderten den Mut dieses Mannes, der aus dem Teufelskreis von Haß und Ablehnung, der das arabische Lager zusammenhielt, ausgebrochen und um des Friedens und der Unabhängigkeit willen zum höchsten Risiko bereit war. Sie bangten um sein Leben während seines Aufenthalts in Israel und bei seiner Rückkehr nach Kairo. Wie würde das ägyptische Volk auf den Beginn einer Ära des Friedens mit dem israelischen Feind reagieren?
Die Ägypter empfingen Sadat wie einen Helden, der siegreich aus einer schweren Schlacht zurückkehrt. In Kairo strömten fünf Millionen Menschen auf die Straße, um ihren Präsidenten willkommen zu heißen. Sie dankten dem Mann, der es vorgezogen hatte, selbst ins Land des Feindes zu gehen, als andere Männer in den Kampf zu schicken. Sie bekundeten ihm ihre Solidarität. Sie sagten zu dem Frieden, den Sadat ihnen brachte, ja.

Der Flügelschlag der Geschichte

Sadat und Begin waren sich dessen bewußt, daß die Welt am Tage ihres historischen Treffens nach Jerusalem blickte, das der Mann, der für den Frieden bis ans Ende der Welt gehen wollte, für einen Tag zu ihrem Mittelpunkt gemacht hatte. Ihre Reden vor dem israelischen Parlament waren vom Bewußtsein der Geschichtsträchtigkeit des Augenblicks erfüllt. Sie beriefen sich auf die Geschichte, um sie mit Blick in die Zukunft neu zu schreiben. "Der Friede besteht nicht darin", sagte Sadat, "daß ein paar geschriebene Zeilen offizielle Bestätigung finden. Friede ist vielmehr eine Art Neuschreibung der Geschichte."

Sadats Rede gipfelt in dem an das ganze israelische Volk gerichteten Satz:"Ich sage Ihnen ganz aufrichtig, daß wir Sie unter uns willkommen heißen, und zwar in der Gewißheit absoluter Sicherheit. Dies ist an und für sich schon ein Wendepunkt von gewaltiger Bedeutung, ein Symbol für eine entscheidende historische Veränderung... Da wir wahrhaftig und ehrlich Frieden suchen, heißen wir Sie wahrhaftig und ehrlich willkommen, damit Sie unter uns in Frieden und Sicherheit leben."

Dies ist in der Tat ein Wendepunkt von gewaltiger Bedeutung — angesichts der Tatsache, daß Israel bis zu diesem Zeitpunkt wie ein Fremdkörper im Nahen Osten behandelt wurde, dessen Existenz ignoriert wurde, daß die Delegierten der arabischen Länder in den internationalen Gremien und auch bei den Waffenstillstands- und Truppenentflechtungsabkommen jedes Gespräch, jede Form von direkten Verhandlungen mit den Israelis ablehnten.

Und es ist ein Symbol für eine entscheidende historische Veränderung in Anbetracht der Identitätsprobleme Israels und wohl auch Ägyptens. Wenn die Ägypter, deren Identität stets durch das Land bestimmt war, in dem sie lebten und das sie nie verließen, das Volk Israel in dem Raum, um den es unaufhörlich verbissen ringen mußte, willkommen heißen, so wird

Israel die Chance gegeben, sich von der Last der Geschichte, die allein seine Identität bestimmte, zu befreien.
Begin sagte in seiner Antwort: "Es ist meine Pflicht, unseren Gästen und allen Völkern, die auf uns schauen und unseren Worten lauschen, etwas über jene Bande zu sagen, die unser Volk mit diesem Lande verknüpfen... Nein, wir haben uns nicht fremden Landes bemächtigt, sondern sind in unsere Heimat zurückgekehrt. Das Verhältnis zwischen unserem Volk und diesem Land ist ewiger Natur. Es geht bis auf die Anfänge der Geschichte zurück und ist niemals abgerissen. In diesem Land haben wir unsere Kultur begründet; hier haben unsere Propheten die heiligen Worte gesprochen, die Sie heute zitierten; hier wurden wir zu einem Volk, und hier gründeten wir unser Königreich. Wir haben unser Land nach der gewaltsamen Vertreibung auch nicht einen einzigen Tag vergessen, selbst wenn wir uns fern von ihm befanden."
Daran ist vieles wahr; aber die Berufung auf die Geschichte reicht allein für die wirkliche Identität eines Volkes mit einem Land, einem Lebensraum, nicht aus. Es ist eine gewaltsame Identifizierung, die der gewaltsamen Vertreibung entspricht. Wenn der Raum das Volk nicht annimmt, wird es aus der Zeit, die es gefangenhält, nicht ausbrechen können. Wenn der Raum das Volk nicht annimmt, wird es, auch wenn es ihn hundertmal besiegt, nicht zur Ruhe kommen.
Andererseits rückt Sadat, indem er Israel in der Region als Partner willkommen heißt, von der einseitigen Identität seines eigenen Volkes mit seinem Land ab, in dem in manchen Dingen die Zeit stehengeblieben war. Er akzeptiert das Eindringen der Dimension der Zeit und des geschichtlichen Bewußtseins in den ägyptischen und arabischen Raum. Er sähe es vermutlich nicht ungern, wenn sein Volk ein bißchen von der Unruhe angesteckt würde, die die Juden aus ihrer Geschichte mitgebracht haben.

Die Bedeutung der Erklärung Sadats wird noch dadurch erhöht, daß er seinen israelischen Gastgebern keineswegs nur Artigkeiten sagte. Er forderte sie auf, der Wirklichkeit ebenso mutig ins Antlitz zu schauen, wie er es getan. Er forderte sie auf, alle seit dem Sechstagekrieg besetzten arabischen Gebiete zu räumen. Er forderte sie auf, das Recht der Palästinenser auf einen eigenen Staat anzuerkennen.

Trotzdem bezichtigten die Führer der anderen arabischen Staaten und der Palästinenser den ägyptischen Staatschef des Verrats an der arabischen Sache. Sie schlossen sich zur arabischen Ablehnungsfront zusammen und Ägypten aus der Arabischen Liga aus. Sie hielten an dem geheiligten Grundsatz fest, daß der jüdische Staat nicht existieren dürfe, daß es keine Anerkennung Israels, keine Verhandlungen mit Israel und selbstverständlich keinen Frieden mit Israel geben dürfe.

Nach dem Friedensfest

Unter diesen Umständen war es nicht verwunderlich, daß Israel in den Verhandlungen, die auf Sadats historischen Auftritt in Jerusalem folgten, nicht gewillt war, alle Forderungen Sadats zu erfüllen, zumal dieser von den Palästinensern nicht einmal als ihr Sprecher, als der wirkliche Wahrer ihrer Interessen anerkannt wurde.

Nichtsdestoweniger war Israel durchaus konzessionsbereit. Wie in jedem echten, nicht von einem Sieger diktierten Friedensvertrag machte jede Seite der anderen Konzessionen, um den Kriegszustand, den Haß und die Ablehnung zwischen den alten Feinden zu überwinden. Und wie bei jedem Friedensvertrag mußten diese Konzessionen gegen Widerstände im eigenen Lager, gegen den Vorwurf des Verrats seitens derer, für die Frieden nur dann akzeptabel ist, wenn sie ihn diktieren können, verteidigt und durchgesetzt werden. Begin mußte gegen den Widerstand eines Teils seiner eigenen Gefolgsleute ankämpfen, von denen einige sogar seine Partei verließen, Sadat gegen den Widerstand der arabischen Brüder in Damaskus und Tripolis, Bagdad und Algier.

Ägypten gestand Israel das Recht zu, innerhalb seiner Grenzen in Sicherheit und Frieden zu existieren. Ägypten öffnete sich und den Suezkanal für den Handel mit Israel. Israel trat an Ägypten die Sinai-Halbinsel ab, ein ölreiches Territorium von größter strategischer Bedeutung. Darüber hinaus gestand es den Palästinensern das Recht auf Autonomie zu, die Sadat zwar nicht weit genug ging, die er jedoch als Vorstufe für das, was der amerikanische Präsident Carter "homeland" nannte, im Rahmen des Friedensabkommens akzeptierte.

Dank Carters Bemühungen wurden die letzten Hindernisse vor dem Abschluß des Friedensvertrages ausgeräumt, die Teufel, die auch hier im Detail steckten, überwunden. 1978 wird im amerikanischen Camp David das Rahmenabkommen für den Friedensvertrag ratifiziert. Im gleichen Jahr empfangen Sadat und Begin den Friedensnobelpreis. 1979 wird der Friedensvertrag zwischen Ägypten und Israel von Sadat, Begin und Carter unterschrieben. 1980 werden die diplomatischen Beziehungen angeknüpft und die Grenze zwischen den beiden Ländern für die ersten Reisenden geöffnet. Dazwischen finden in Assuan, Kairo, Ismailia, El-Arisch, Beersheba, Herzlia, Haifa Gipfelgespräche und Begegnungen der Minister und Diplomaten Israels und Ägyptens statt, die nun schon zum politischen Alltag gehören.

Die Alltagsarbeit am Frieden ist natürlich schwieriger, ermüdender, prosaischer und weniger spektakulär als das Fest des Friedens, mit dem sie in Jerusalem eingeleitet worden war.

26 18.9.1978: Unterzeichnung des Camp-David-Abkommens durch Carter, Sadat und Begin. (Archiv der Botschaft des Staates Israel, Bonn)

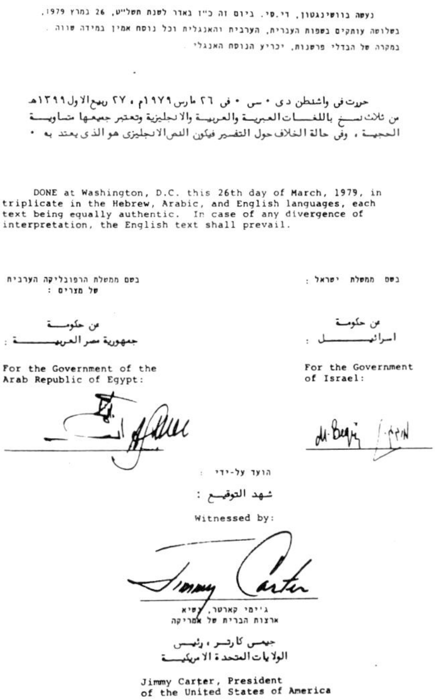

נעשה בוושינגטון, די.סי. ביום זה כ״ו באדר לשנת תשל״ט, 26 במרץ 1979,
בשלושה עותקים בשפות העברית, הערבית והאנגלית וכל נוסח אמין במידה שווה.
במקרה של הבדלי פרשנות, יכריע הנוסח האנגלי.

حررت فى واشنطن د ى • سى • فى ٢٦ مارس ١٩٧٩م ، ٢٧ ربيع الاول ١٣٩٩هـ
من ثلاث نسخ باللغات العبرية والعربية والانجليزية وتعتبر جميعها متساوية
الحجية ، وفى حالة الخلاف حول التفسير فيكون النص الانجليزى هو الذى يعتد به •

DONE at Washington, D.C. this 26th day of March, 1979, in triplicate in the Hebrew, Arabic, and English languages, each text being equally authentic. In case of any divergence of interpretation, the English text shall prevail.

בשם ממשלת הרפובליקה הערבית
של מצרים :

عن حكومة
جمهورية مصر العربية :

For the Government of the
Arab Republic of Egypt:

בשם ממשלת ישראל :

عن حكومة
اسرائيل :

For the Government
of Israel:

הועד על-ידי :

شهد التوقيع :

Witnessed by:

ג׳ימי קארטר, נשיא
ארצות הברית של אמריקה

جيمس كارتر ، رئيس
الولايات المتحدة الامريكية

Jimmy Carter, President
of the United States of America

27 Kopie der letzten Seite des Friedensvertrages von Washington vom 26. März 1979. (Botschaft des Staates Israel, Bonn)

Die konkreten Ergebnisse bleiben oft hinter den Erwartungen zurück. Über dem Streit um Einzelheiten, über dem Pokern der Parteien geht oft die große Vision verloren, die in Jerusalem über alle Abgründe und Barrieren strahlte. Der Atem großer Geschichte ist in den Ausschüssen, in denen die Paragraphen formuliert werden, nicht zu spüren. Kein Minister, kein Diplomat kann sich erlauben, mit Sadat zu sagen:
"Zeigen wir der ganzen Welt das Bild des neuen Menschen in diesem Raum, so daß er für die Menschen unserer Zeit, für die friedliebenden Menschen überall, ein Beispiel sein kann. Läutet die Glocken für eure Söhne. Sagt ihnen, daß diese Kriege die letzten Kriege und das Ende aller Sorgen waren. Sagt ihnen, daß wir einen neuen Beginn herbeiführen wollen, ein neues Leben, ein Leben der Liebe, des Wohlstands, der Freiheit und des Friedens."
Das ist die Sprache eines Träumers, der um die bestmögliche Realisierung seiner gewagten, unmöglich erscheinenden Träume ringt — im Gegensatz zu den meisten Menschen, die entweder keine Träume haben oder aber die Dichtung ihres Traums nicht in die Sprache der Politik, in die Kunst des Möglichen zu übersetzen vermögen. Angesichts der Höhe seiner Vision muß man die Geduld, mit der er die zermürbende Alltagsarbeit am Frieden leistete, bewundern.
Nach seinen Erfolgen im Krieg von 1973 konnte Präsident Sadat den Frieden wagen, ohne das Gesicht zu verlieren. Nach dem Jom-Kippur-Krieg war seine Friedensinitiative keine Kapitulation. Durch den Krieg von 1973 ist ein Teil der psychologischen Barrieren bei den Ägyptern, durch die Friedensmission von 1977 ein Teil der psychologischen Barrieren bei den Israelis abgebaut worden. Der Rest ist eine Folge des Miteinanderredens von Mensch zu Mensch auf allen Ebenen.
Nun fordern viele Leute eine umfassende Lösung des ganzen

Nahostkonflikts, die auch die anderen Nachbarstaaten Israels und vor allem die Palästinenser in den Friedensvertrag einbezieht. Wenn Politik aber die Kunst des Möglichen ist, so kommt diese radikale Forderung einer Verweigerung wirklicher Politik gleich. Eine umfassende Lösung aller Probleme in dieser Region mit einem Schlag ist nicht möglich. Warum aber sollen nicht dort, wo die Voraussetzungen dafür gegeben sind, die ersten Schritte in Richtung auf ein friedliches Miteinander der Völker in dieser Region getan werden? Kommt es nicht auf den Anfang, auf die Initialzündung an, durch die die erstarrten Positionen in dem tragischen Konflikt in Bewegung geraten? Je eher die Mauer des Mißtrauens zwischen den Israelis und den Ägyptern fallen, desto eher wird auch das Gespräch zwischen den Juden und den Arabern Palästinas in Gang kommen.

Die Gegenwart im Lichte der Geschichte

Wie ein Fluß, der, aus fernen Quellen gespeist, hier in Katarakten eingeengt, dort in riesigen Seen gestaut, dem Meer entgegenströmt, fließt der Strom der Geschichte aus der fernen, sagenumwobenen Vergangenheit durch die Niederungen der Gegenwart ins Meer unseres Lebens. Wie der Nil, der sich im unterägyptischen Delta in einem Geflecht von träge fließenden Armen und Rinnsalen verästelt, verliert sich der große Strom der Geschichte im unüberschaubaren Gewirr der politischen Ereignisse der Gegenwart. Unserem Auge erscheint das Geschehen des Tages oft sinnlos, eine Kette von Zufällen, von Spielzügen der Mächtigen, die ihre militärische und wirtschaftliche Potenz ohne Rücksicht auf politische

Ethik, auf geistige Ideen und menschliche Werte einsetzen. Berufen sich nicht die Politiker auf die Geschichte zumeist, um sie für ihre machtpolitischen Ziele zu mißbrauchen? Wo sind die großen Perspektiven, wo sind die großen historischen Zusammenhänge, die uns das Studium der Geschichte vermittelt? Welchen Sinn aber hat das Studium der Geschichte, wenn wir nicht bereit und fähig sind, aus ihr zu lernen? Lagert nicht auch der große Strom seine Fruchtbarkeit in den Niederungen des Delta ab, in dessen trägen Wasserarmen er sich verliert? Geschichte gerät nur dann zur "Sinngebung des Sinnlosen" wie Theodor Lessing sie definiert, wenn der Boden unserer gelebten Gegenwart ihre fruchtbaren Ablagerungen annimmt.

Wenn wir versuchen, diese Idee auf die Geschichte der Beziehungen Ägyptens und Israels zu übertragen, wenn wir die politische Entwicklung in dieser Region im Licht der Geschichte betrachten, so zeigt sich:

1. Die Pendelbewegung zwischen Konfrontation und Annäherung, die sich in diesen Jahren vollzieht, ist seit alter Zeit für die Geschichte der Beziehungen der beiden uralten Kulturvölker charakteristisch. Die eine Bewegung bedingt die andere. Ohne Moses Auseinandersetzung mit Ägypten wäre Davids Reichsgründung nicht denkbar, die vielleicht vollkommener als jede andere die Reichsidee Ägyptens verkörperte. Und Sadat hätte seine Friedensinitiative nicht wagen können, hätte er die Kriegsinitiative am Suezkanal nicht gewagt.

2. Nicht erst seit heute bestehen zwischen Israel und Ägypten weniger Reibungsflächen und daher auch weniger Spannungen als zwischen Israel und seinen Nachbarn im Norden und Nordosten. Israel war in seiner Geschichte so oft in kriegerische Auseinandersetzungen mit den Mächten Mesopotamiens verwickelt, die es überfluteten und verwüsteten, daß der biblische Chronist meint: "Aus dem Norden kommt das Unheil."

Ägypten aber bot zu allen Zeiten den Flüchtlingen aus dem Lande der Bibel Asyl. Die unruhigen Mächte des Zweistromlandes jedoch, denen die Einheit des ägyptischen Landes, die Identität von Volk und Land fehlte, traten in der Geschichte immer wieder als seine Rivalen im Streit um die Hegemonie in dieser Region auf.

3. Ägypten hat für jeden Versuch, sich über seinen naturgegebenen Lebensraum hinaus nach Asien auszudehnen, teuer bezahlt. Das gilt für seine Frühgeschichte ebenso wie für die neue Zeit. Je stärker sich Ägypten in der Weltpolitik — als führende Kraft der arabischen Welt, als dominierende Kraft in der Dritten Welt — engagierte, desto weniger gehörte es sich selbst. Die kurze Euphorie, die es unter Nasser erlebte, endete in einem militärischen, politischen und wirtschaftlichen Desaster. Es war ein Riese auf tönernen Füßen, der von einem kleinen Stein gestürzt werden konnte. Sadat bringt das ägyptische Volk, das sich — wie er im letzten Kapitel seines Buches betont — "von den vielen anderen Völkern, auch innerhalb der arabischen Welt, unterscheidet", wieder zu sich selbst zurück, zu seinen eigenen sozialen, wirtschaftlichen und geistigen Problemen, zu seiner eigenen Wirklichkeit. Es ist kein Zufall, daß Präsident Sadat seinem Land wieder seinen alten Namen gab, daß er die Vereinigte Arabische Republik Nassers, die nach dem Austritt Syriens aus der Allianz nur ein papierenes Programm war, da sie mit nichts und niemandem vereinigt war, wieder Ägypten nannte.

4. Sadat verkörpert die Toleranz, die für die synkretistische Religion des alten und des hellenistischen Ägypten charakteristisch war. Diese sehr ägyptische Bereitschaft, verschiedene Glaubensformen nebeneinander zu tolerieren und einander anzugleichen, schlummerte auch in der islamischen Zeit unter der Oberfläche einer radikalen Religion, die in anderen Län-

dern wenig Neigung zum friedlichen Miteinander mit anderen Glaubensformen zeigte, und erwachte bei Sadat zu neuem Leben. Es ist ein typisch ägyptisches Symbol für die Vereinbarkeit des Unvereinbaren, daß Sadat auf dem Sinai drei Tempel für die drei monotheistischen Offenbarungsreligionen bauen will, bei denen er auch begraben sein möchte.

5. Es hat einen tiefen Sinn, daß Sadat nach Jerusalem, der heiligen Stadt der drei Religionen, ging und daß er mit seinem Besuch an den Opferstätten des Islam, des Christentums und des Judentums Denkanstöße zu einem lebendigen Miteinander anstelle des Gegen- und Nebeneinanders gab, das sie in der Vergangenheit praktizierten. Die Jordanier hatten in den neunzehn Jahren, in denen sie in der Altstadt von Jerusalem herrschten, den Juden den Zugang zur Klagemauer verweigert. Es ist auch bemerkenswert, daß Sadat in einer Phase der radikalen Abkapselung des religiösen Judentums, die an die Zeit des Auszugs aus Ägypten erinnert, nach Jerusalem kam. Das Judentum ist reif zu jener Gegenbewegung, die es auch in biblischer Zeit im Lande der Väter als Folge dessen erlebte, daß "Israel sicher wohnte, ein jeder unter seinem Weinstock und unter seinem Feigenbaum". Die Sicherheit, der Frieden, die äußere und innere Entspannung werden dazu führen, daß sich der Glaube Israels wieder dem Dialog mit anderen Glaubensformen und dem Gespräch mit Aufnahmesuchenden öffnet.

6. Sadat erinnert die Israelis an den Hebräer Josef, der ein Träumer und ein Deuter von Träumen war und dennoch als kluger, politisch versierter Nationalökonom in die Wirklichkeit seiner Zeit, in die Wirlichkeit Ägyptens und der Entwicklungsländer im Umkreis des Nillandes eingriff. Ägypten ist zwar heute nicht mehr die Kornkammer, welche die Hungernden Kanaans mit Brot versorgt — diese Aufgabe vermag

28 Abstieg vom Gipfel des Mose-Berges; der Führer ist ein moslemischer Beduine, hinter ihm der jüdische Verfasser dieses Buches, gefolgt von der christlichen Reisegruppe. (Foto Irene Semmelmann)

29 Das Kloster St. Katharina am Fuße des Sinai-Berges. Kirche und Moschee liegen dicht nebeneinander. (Archiv des Staatl. Israelischen Verkehrsbüros, Frankfurt a.M.)

Israel heute besser zu erfüllen, dessen Landwirtschaft Überschüsse produziert —, und dennoch werden die "Kinder Israel" bald wieder in Strömen nach Ägypten ziehen. Nicht um Brot werden sie an den Nil reisen, sondern um Luft, um die freie Luft der offenen Welt, die ihnen die arabischen Länder, die den jüdischen Staat von allen Seiten umklammern, in den Jahren der Feindschaft und der Kriege abzuschneiden suchten.

Natürlich wiederholt sich die Geschichte niemals. Die Israelis, die in der Ära des Autos und des Flugzeugs nach Ägypten reisen, werden dort nicht bleiben und werden auch nicht versklavt werden, es sei denn, daß sie zu Sklaven ihrer jüdischen Neugierde werden, die sie von Museum zu Museum, von Tempel zu Tempel treibt. Und natürlich werden auch Ägypter nach Israel reisen, um Jerusalem und die Kibbuzim zu sehen und das Philharmonische Orchester in Tel Aviv zu hören. Die Geschichte wiederholt sich nicht; aber es gibt auch in der Geschichte — wie in der Dichtung und in der Kunst — gewisse Muster, die ein Wiedererkennen bekannter Formen und Abläufe ermöglichen. Es gibt im Ablauf der Geschichte Muster, in denen der geschichtsbewußte Mensch sich wiedererkennt.

Ausblick in die Zukunft

"Siehe, ich will mein Volk erretten aus dem Lande des Aufgangs und aus dem Lande des Niedergangs; ich will sie heimbringen, daß sie inmitten Jerusalems wohnen, und sie sollen mein Volk sein, und ich will ihr Gott sein in Treue und Gerechtigkeit."

So sagt der Prophet Sacharia, auf den sich auch Sadat in seiner

Rede vor der Knesset berief, in seinen Zukunftsvisionen. Der Prophet sieht einen Krieg vieler Völker gegen Jerusalem voraus; zuletzt aber werden sie alle zum Friedensfest nach Jerusalem strömen, um den Herrn der Heerscharen anzubeten. Die Völker aber, die nicht zum Gottesberg in Jerusalem ziehen, werden mit Dürre bestraft. Selbst über Ägypten werde kein Regen kommen, wenn sein Volk der Friedensfeier in Zion fernbleibe.

Der biblische Prophet konnte sich nicht vorstellen, daß sich die Ägypter dem Pilgerzug der Völker nach Jerusalem anschließen würden. Man war zu sehr daran gewöhnt, daß die Notleidenden zwar immer wieder nach Ägypten hinabzogen, daß die Ägypter selbst sich aber höchst ungern von den Ufern des Nil hinwegbequemten. Das war nur denkbar, wenn eine höhere Macht Ägypten den Regen, der das Nilbett füllte, entzog und die Sicherheit, die es träge machte, gefährdete.

Sadat ging trotz Sacharias Prophezeiung nach Jerusalem. Er legte den Grundstein zu einem Frieden, von dem der biblische Prophet nicht zu träumen wagte. Welche Möglichkeiten birgt dieser Frieden für die Zukunft? Was können die Partner des Friedensvertrages, was können Ägypten und Israel in naher und ferner Zukunft von ihm erwarten? Was können sie voneinander lernen?

Für Israel bedeutet die Öffnung der Grenzen die Befreiung aus einem von außen aufgezwungenen Getto. Wenn sich die Beziehungen zwischen Ägypten und Israel normalisieren, kann die Gettomentalität, kann das Mißtrauen gegen die Umwelt, die das Volk und seinen Staat zu vernichten drohte, langsam abgebaut werden. Zum ersten Mal keimt bei den Israelis das Gefühl, von der Welt, deren Gremien ihren Staat immer wieder gemaßregelt hatten, angenommen zu werden. Auf lange Sicht aber kann dieser Frieden zu einer allmählichen Überwindung der jüdischen Unrast führen, die eine Folge der Gettoexistenz, der Angst und des Mißtrauens ist. Es schadete den Israelis nicht, wenn sie bei den Ägyptern eine Tugend lernten, eine Haltung, die diesem uralten Volk in seiner langen Geschichte in Fleisch und Blut übergegangen ist: Geduld. Vielleicht wird sich diese Geduld, diese ruhige Gelassenheit eines fernen Tages auch bei den Israelis einstellen, wenn sie mehr Zeit haben, wenn sie nicht mehr in Kriegszeiteinheiten rechnen müssen.

Für die Ägypter hingegen besteht die Gefahr, daß ihre Geduld in Fatalismus und Lethargie erstarrt. Hier können sie bei den dynamischeren, fortschrittsfreudigeren Israelis lernen. Dies gilt vor allem für die Landwirtschaft. Während der Lebensstandard der schwer arbeitenden ägyptischen Landbevölkerung erheblich niedriger ist als der der Arbeiter, Angestellten, Beamten und Händler in den Städten, haben die modernen israelischen Dörfer, die echte Mustersiedlungen sind, die Städte nicht nur im Hinblick auf die Produktivität, sondern auch im Hinblick auf den Lebensstandard überflügelt. Die Tatsache, daß die israelische Landwirtschaft nicht an der Kette uralter Traditionen lag, daß sie frei experimentieren und improvisieren konnte, war in einer Zeit des Umbruchs von Vorteil. Wahrscheinlich hat sich auch Israels nationale Wasserplanung, die den Genezaret-See in ein natürliches Staubecken zur Bewässerung des ganzen Landes bis hinab zum Negev verwandelte, auf die Böden und die Landwirtschaft positiver ausgewirkt als der von sowjetischen Ingenieuren gebaute Assuan-Staudamm in Ägypten.

Sicher können die Ägypter bei israelischen Experten mehr lernen als bei den Abgesandten einer Großmacht, die keine echte Beziehung zum Boden, zum Klima, zur Flora und zum Wasser des Landes haben. Die Schwierigkeit liegt in der Über-

30 Stadtmauer und Zitadelle von Jerusalem. (Archiv der Botschaft des Staates Israel, Bonn)

31 Israels nationale Wasserleitung, die das Wasser des Jordan in die Negev-Wüste leitet. (Archiv der Botschaft des Staates Israel, Bonn)

windung der psychologischen Barrieren, die ihre Wurzeln im nationalen Stolz haben, der bei den so lange von Fremden unterjochten Völkern allzu leicht zu verletzen ist. Es fällt natürlich schwer, den Feind von gestern als Vorbild für morgen anzuerkennen.

Präsident Sadat setzte ein Zeichen, als er in einer noch vor der Reise nach Jerusalem gehaltenen Rede seinem Volk den alten Feind Israel als leuchtendes Beispiel der nationalen Einheit und Solidarität vorhielt. Solidarität ist in der Tat eine Tugend, die in der arabischen Geschichte kaum zu finden ist; um so selbstverständlicher ist sie den Israelis trotz aller unterschiedlichen Meinungen in Fragen der Tagespolitik und der Weltanschauung.

Die Ägypter u n d die Israelis müssen begreifen, daß sie vom Partner dieses Friedens lernen können, lernen müssen, um zu sich selbst, zu ihrer wahren Identität zu kommen. Sie müssen lernen, der eigenen Sache mit Selbstkritik und der anderen Seite mit menschlichem Takt und psychologischem Fingerspitzengefühl zu begegnen, das beide Seiten heute noch manchmal vermissen lassen.

Wenn sie dies lernen und sich ihrer großen Geschichte und der Verflechtungen, die sie in ihrer Geschichte eingegangen sind, bewußt werden, können Ägypten und Israel eine stabilisierende Rolle im Nahen Osten spielen. Sie können für diese Region eine ähnliche Rolle spielen wie Deutschland und Frankreich für Europa.

Und sie können, wie Sadat in Jerusalem sagte, der ganzen Welt ein Beispiel geben. Die Welt empfing viel von Ägypten und von Israel. Wenn wir's auf die Zählung der Zeit beschränken, so empfing die Menschheit von Ägypten den Sonnenkalender, der das Jahr in zwölf Monate und 365 Tage teilte, und von Israel die vom Mondzyklus abgeleitete Siebentagewoche mit dem arbeitsfreien Sabbat. Mit dem Sonnenkalender schenkte Ägypten der Welt die Ordnung, die es in seinem Reich in beispielhafter Weise verwirklichte. Und Israel schenkte mit dem Sabbat der Welt die Freiheit, die soziale Freiheit und Gerechtigkeit, die ihm zum Inbegriff seiner Ethik wurde. Ordnung und Freiheit aber, die Grundwerte der menschlichen Gesellschaft, müssen nicht Gegensätze sein. Sie ergänzen einander. Sie gehören zusammen.

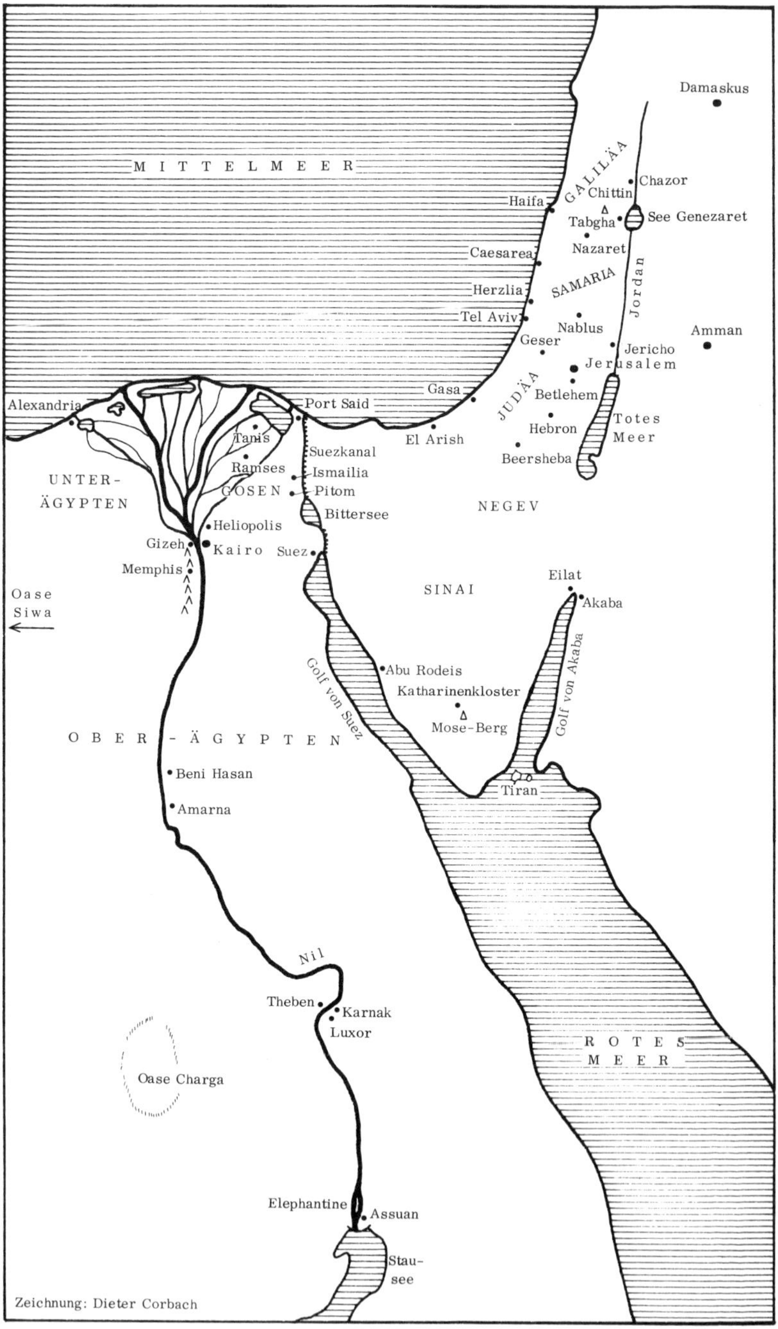

MITTELMEER
Damaskus
GALILÄA
Chazor
Chittin
Haifa
Tabgha
See Genezaret
Nazaret
Caesarea
Jordan
SAMARIA
Herzlia
Tel Aviv
Nablus
Amman
Geser
Jericho
Jerusalem
JUDÄA
Gasa
Betlehem
Alexandria
Port Said
Totes Meer
Hebron
Tanis
El Arish
Suezkanal
Beersheba
Ramses
Ismailia
UNTER-ÄGYPTEN
GOSEN
Pitom
NEGEV
Bittersee
Heliopolis
Gizeh
Kairo
Suez
Memphis
Eilat
SINAI
Akaba
Oase Siwa
Abu Rodeis
Golf von Suez
Katharinenkloster
Golf von Akaba
Mose-Berg
OBER-ÄGYPTEN
Beni Hasan
Tiran
Amarna
Nil
Theben
Karnak
Luxor
ROTES MEER
Oase Charga
Elephantine
Assuan
Stausee
Zeichnung: Dieter Corbach

Nachwort

Dieses Buch versucht, die Beziehungen der Völker Ägyptens und Israels von der Zeit der Pharaonen bis in die Gegenwart in geschichtlichem Zusammenhang zu sehen. Darüber hinaus wagt es im Rahmen der Geschichtsbetrachtung einen Ausblick in die Zukunft.

Andere Probleme, die durch den Nahostkonflikt entstanden sind, wie Rolle und Status der Palästinenser, die Politik Israels in den besetzten Gebieten, die Rolle Jordaniens vor und nach dem Sechstagekrieg, die Autonomieverhandlungen, die Libanonkrise, wurden ausgeklammert, um den Rahmen des Buches nicht zu sprengen und eine Akzentverschiebung von der Geschichte zur Tagespolitik zu vermeiden.

Wir sind der Meinung, daß sich diese Probleme, zumindest teilweise, lösen lassen, wenn Sadats Friedensidee von der arabischen Welt und von den Ländern der freien Welt akzeptiert wird. Die Normalisierung der Beziehungen Ägyptens und Israels auf diplomatischer, kultureller, touristischer und zwischenmenschlicher Ebene kann dazu führen, daß das "heiße Eisen" Palästina abkühlt, daß es von beiden Seiten kühler, leidenschaftsloser angepackt werden kann.

Die "heißen Eisen" wurden in diesem Buch nicht aus ängstlicher Vorsicht ausgeklammert, sondern aus dem Wunsch nach einer Lösung des tragischen Konflikts, der seine Wurzeln im Europa des 19. und 20. Jahrhunderts hat. Wer sie — wie mancher Europäer, der sich der geschichtlichen Verantwortung entziehen will — im heißesten Zustand anpackt, verbrennt sich nicht nur die Finger; er schürt auch, bewußt oder unbewußt, das Feuer, das die Eisen hüben und drüben erhitzt.

Wir hoffen, daß die Zeit die Wunden heilt, die der langjährige Konflikt aufgerissen hat. Wir glauben, daß der Friede und die Entspannung der Beziehungen zwischen Ägypten und Israel den Heilungsprozeß fördern werden.

Shaul Oettinger

Die Bibel
für Kinder erzählt

von Abrascha Stutschinsky

Format 16 x 21,5 cm, 632 Seiten mit 89 Abbildungen im Text und 1 Karte, farbiger Schutzumschlag, Ganzleineneinband DM 29,—

Ein Kleinod unter den Kinderbibeln. Hier sind die Bücher des sog. "Alten Testaments" von einem wahren Kenner und Meister zusammengefügt zu einer erstaunlichen Lektüre. Mit Hilfe der jüdischen Agada werden schwierige Texte erläutert und verdeutlicht. — Diese Bibel hat inzwischen viele Freunde nicht nur bei Kindern, Pfarrern, Lehrern und Kindergärtnerinnen, sondern auch Erwachsene lesen sie mit Begeisterung für sich selbst mit viel Gewinn.

Aus Rezensionen und Zuschriften:

"...halte ich diese Bibel für die seelsorgerliche Betreuung seelisch Kranker aller Altersklassen bestens geeignet..."

Dr. med. H. K.

"...Stutschinskys Kinderbibel ist ein Meisterstück narrativer Theologie und narrativer Pädagogik..."

Prof. Dr. H. Kremers

"...Es ist dem Werk — nach seinem Erfolg in der Schweiz — auch in Deutschland eine weite Verbreitung zu wünschen."

Allgem. jüd. Wochenzeitung

"... so möchten wir diese jüdisch-christliche Kinderbibel als mutigen Versuch begrüßen ..."

Deutsche Tagespost

"...Wer so die Bibel zu erzählen versteht, wird keinen langweiligen Religionsunterricht erteilen..."

Katholische Bildung

"...Ein — auch für Erwachsene! — empfehlenswertes Standardwerk."

Die neue Bücherei

"...Was (diese Kinderbibel) auszeichnet, ist die behutsame Interpretation des alttestamentlichen Textes durch die jahrtausendealte erzählende Bibelauslegung der haggadischen Midraschim (biblische Legenden)."

Lebendige Seelsorge

"...Dieses Buch wird sich wohl kein Pfarrer entgehen lassen."

Oldenburger Sonntagsblatt

"...Ein Buch, das fasziniert..."

Kölnische Rundschau

"...Das Buch ist geeignet, die Zusammenarbeit zwischen Juden und Christen zu fördern..."

Frankfurter Allgem. Zeitung

"...ein Lese- und Vorlesebuch allerersten Ranges..."

Süddeutsche Zeitung

SCRIBA VERLAG KÖLN

Christopher K. Germer, Ronald D. Siegel, Paul R. Fulton

Achtsamkeit in der Psychotherapie